# 戏缘人生

## ——柳子戏名家黄遵宪和李艳珍

孙海翔 著

中国戏剧出版社
CHINA THEATRE PRESS

图书在版编目（CIP）数据

戏缘人生 ：柳子戏名家黄遵宪和李艳珍 / 孙海翔著.
-- 北京 ：中国戏剧出版社，2020.4
ISBN 978-7-104-04934-0

Ⅰ. ①戏… Ⅱ. ①孙… Ⅲ. ①黄遵宪－生平事迹②李艳珍－生平事迹 Ⅳ. ①K285.78

中国版本图书馆CIP数据核字(2020)第053511号

戏缘人生：柳子戏名家黄遵宪和李艳珍

责任编辑：赵宇欣
责任印制：冯志强

出版发行：中国戏剧出版社
出 版 人：樊国宾
社　　址：北京市西城区天宁寺前街2号国家音乐产业基地L座
邮　　编：100055
网　　址：www.theatrebook.cn
电　　话：010-63385980（总编室）
传　　真：010-63383910（发行部）

读者服务：010-63381560
邮购地址：北京市西城区天宁寺前街2号国家音乐产业基地L座

印　　刷：鑫海达（天津）印务有限公司
开　　本：787mm×1092mm　1/16
印　　张：13.5
字　　数：240千字
版　　次：2020年5月　北京第1版第1次印刷
书　　号：ISBN 978-7-104-04934-0
定　　价：90.00元

# 前　言

新时代的艺术创作要符合新时代的要求，具有新时代的特色。坚定文化自信就要彰显中华优秀传统文化的魅力。“历史是一面镜子”，诚然，历史给我们的不只是回忆和情怀，还有可以继承和发展的精华。

《戏缘人生——柳子戏名家黄遵宪和李艳珍》是一部书写柳子戏传承艺术家黄遵宪、李艳珍先生从艺生涯的作品。全书笔触温婉纤细，文风飘逸俊朗，情节生动，一气呵成，谓之佳作。

柳子戏是在元、明、清以来，流行于民间的俗曲小令的基础上发展演变而成的。抗日战争和解放战争期间，柳子戏遭受摧残，萎靡凋零，许多艺人改唱其他剧种，只剩下个别班社仍在惨淡经营。新中国成立以后，在各级领导的重视和扶持下，柳子戏才得以复苏。1959 年 6 月，山东省文化局将郓城县工农剧社调省，成立了山东省柳子剧团。剧团成立后，以弘扬民族精神为己任，上演的代表剧目有：《孙安动本》《张飞闯辕门》《玩会跳船》《黄桑店》《五台会兄》《红罗记》《白兔记》《风雨帝王家》等，《孙安动本》于 1962 年由上海海燕电影制片厂拍摄成电影艺术片，并在全国上演。

艺术是社会生活在艺术家头脑中反映的产物。各个时代的社会生活都在当时的艺术作品中留下了自己的痕迹，各个时代的艺术家也都在各自的作品中留下了时代在自己头脑中的烙印，这就使每个时代都形成了于现代、将来不尽相同的属于自己时代的艺术。各个时代的艺术不是孤立存在的，它们之间有着千丝万缕的联系。这种联系只有在挖掘、整理、保存、传承艺术精髓中才能得以发展。人类全部的文学艺术发展的历史，就是一个批判地继承、革新、创造的历史。戏曲更是如此，从内容到形式，从创作到呈现，都是在继承前人创作的基础上逐渐发展起来的。

新时代，柳子戏艺术的发展得到了国家的大力支持，弘扬中华优秀传统文化成为坚定文化自信的重要部分。但不可否认，柳子戏的发展仍然经历着严峻的考验，只有在继承传统的基础上进行改革和创新，才能推动柳子戏的发展。作为一个古老剧种，如何适应新时代的艺术创作、发展的规律？如何完成作为文化产业的柳子戏艺术同文化市场的接轨，打通“最后一公里”培养新观众？这一系列的问题困扰着我们。

柳子戏作为传统的曲牌戏，完成现实题材创作有难度。因此这些年来创作主要集中在古典剧目，现代剧目创作较少。这是我们柳子剧团一直在考虑研究的一个课题。这就需要我们转变思路，从古代经典剧目和题材中选择和新时代有关联性、代表性的作品，进行二度创作，以现代的视角切入，寻找到一条以古颂今的发展路径，展现的新时代戏曲艺术发展思路。

总之，柳子戏艺术的发展，任重而道远。愿我们柳子戏人，共同携手，为山东的戏曲艺术发展再攀高峰。

山东省柳子剧团团长　李贝

2020 年 2 月于省柳子剧团

# 目　录

【上篇】 黄遵宪：东柳相伴，七十年未了情愿

【余篇】 他们：身边的柳子戏名家

# 【上篇】

## 黄遵宪：东柳相伴，七十年未了情愿

# 一、戏缘之起

1945年在中华民族的集体记忆里，是中国人民取得抗日战争胜利的一年，对于柳子戏名家黄遵宪来说，则还有着一层更深刻的个人记忆。这个与清朝改革派诗人，同时被誉为“近代中国走向世界第一人”的外交家、政治家、教育家黄遵宪同名的农家子弟，正是从这一年开始，与柳子戏结下了一生的情缘。而他开始学习和演出柳子戏的缘起，又和当时抗战胜利的时代背景有着一定关联。

这一年，黄遵宪的家乡——位于山东菏泽境内的郓城县黄岗村，与整个中华民族一起，共同沉浸在打败日本鬼子的喜悦中。当地百姓频频以他们热爱的戏曲形式表达着喜悦之情。意犹未尽处，几位曾经在柳子戏科班教过戏的艺人与村里会戏的长者们共同组织了一个“玩友会”，每晚教授村里的孩子们演唱柳子戏，当时只有13岁的黄遵宪，就是这些学戏孩子中的一员。一间普通的民房，每晚不过两小时左右的自由学唱，不知给予了多少人戏曲的滋养。而黄岗村、郓城县，乃至整个鲁西南地区"戏曲之乡"的沃土，其实早已令这片土地上的人们于有意无意地熏陶间，熟悉了戏曲、爱上了戏曲，甚至将戏曲的基因渗透进骨子里。

## 小戏迷的养成

1932年6月13日，阴历五月初十，黄遵宪出生在黄岗村。这个位于山东省菏泽市郓城县内的村庄与周边众多村庄一起，形成了覆盖鲁西南地区的"戏窝子"。20世纪30年代，柳子戏是这里的一个主要流行剧种，科班和戏班的演出极为普遍。具有古老血统的柳子戏是山东省内流行的几个弦索声腔戏曲剧种之一，它既有着艺术上的独特性——比如民间将其与同属于弦索声腔系统剧种的罗子戏所作的区别，就被概括为"粗罗子、细柳子"，同时它又同诸多地方戏曲剧种一样，经过多年在民间的流传，积累了浓厚的乡土气息和丰富的生活情趣。

从黄遵宪记事起，看戏就是他童年生活中的一项主要内容。四五岁时，他就经常跟随父亲到距离黄岗村不远的姥姥家于庙村看戏。当时于庙村的演戏活动中柳子戏并非主流，而是经常汇聚了几个村庄的枣梆戏班，因此黄遵宪初识戏曲，是从枣梆开始的。

说起被当地人叫作"偛（读作zhǎo）戏"或"本地偛"的枣梆，黄遵宪还记得有关这个"偛"字的传说：由于枣梆是属于梆子声腔系统的一个剧种，山东的梆子腔又是从山陕一带经河南传来的，因此当地人就以山西人为题，自创了一个人字旁，右边写作上山下西的偛字。同时还根据民间称呼山东人"侉子"中的kuǎ音，自创了一个人字旁，右边写作上山下东的㑳字。除此之外，这两个自造字，还与一个来自山东民间的孔子"轶事"有关。这个故事大致是说，山东人以本地出了孔子这样一位至圣贤人为傲，所以总是在"夸子"，为了突出山东老乡这一概念，就有了代表山东人的“倸”字；后来孔子到了山西，并没有得到所有山西人的欢迎，但有一部分人怀着对孔子的敬佩很想见到他，于是因这些热心寻找孔子的山西人，又造出了一个“傗”字；再以后，遍寻孔子不见的山西人一路寻找到江南。江南人却有意隐瞒，说孔子没到过此地，所以江南人就得到了一个“瞒子”的称呼，也就是北方人对南方人的戏称“蛮子”。由黄遵宪讲述的这段民间传闻，并没有一些俗语称呼中将山东人称为“侉子”，把南方人叫作“蛮子”的认知上的贬义，反而有着与孔子同乡的骄傲。同时这一传闻还以自造的指代山西人的“傗”字，明示了梆子这一山东外来融合剧种的源头之地。而直到新中国成立后，“本地傗”或者“傗戏”作为剧种名称还曾多次出现在有关山东地方戏曲的记录中，甚至在 1954 年举办山东省第一届戏曲演出观摩大会期间，枣梆剧种依然是以“本地傗”之名参加演出。

黄遵宪关于戏曲的最初记忆无疑是被枣梆开启的，时过 80 年，他依然清楚地记得自己幼年时看过的一些枣梆戏，印象比较深的有《天波楼》《徐龙铡子》《三开膛》《蝴蝶杯》等传统戏。其中《天波楼》和《蝴蝶杯》属于比较典型的地方戏曲传统剧目，在民间流传很广。《徐龙铡子》后来由柳子戏演出过，《三开膛》则是一出“彩戏”，明显带有旧时代的痕迹。如今，枣梆依然是黄遵宪比较喜爱的一个剧种，但是相比之下，从很小年纪起，他的最爱就非柳子戏莫属。

黄遵宪似乎对柳子戏有着天生的熟悉。他的老辈中，玩友出身的三爷爷就是唱柳子戏花脸的，并且曾以擅演《双龙关》中的洪龙闻名一方。黄遵宪年少时，黄岗村虽然没有固定的柳子戏科班，却汇集了不少玩友。这些玩友平时是普通农民，只是因为喜欢唱戏，又会唱几支柳子戏曲牌，便常在有机会时登台一聚。戏台自然是简陋的，多由几块木板拼搭而成，下面用比较吃劲的木梁之类支撑，以形成一个有高度的台面。

台面下的空间几乎是空的，人们低低头就能在里面的空间行走。这样一个台子通常搭好后会连续演出几天，一天则至少演出两三场戏，即所谓的“三开锣”。演出主要是为聚个人气、图个热闹，观众们也并不在乎唱的什么戏，因此受欢迎的多是场面比较火爆的剧目。

旧时的戏曲演员及伴奏人员通常经由两个途径培养而成。一是科班，大多由爱戏又比较有钱的人士出资组织兴办。出资者有的是喜欢戏曲的地主或资本家，也有的是早年挣下点钱的戏曲艺人。这类科班和戏班实为一体，班里演戏用的锣鼓家什、服装盔帽以及种种必需品出资方都需要前期投入，同时还要投入一部分教育资金，用来雇用教戏教师和支付学徒的生活开销。大多数情况下，进入科班学戏的是些穷人家的孩子，学戏虽苦，科班的管理上也相当严苛，但是管饭，这对于那些生活窘困的家庭来说，总比让孩子在家挨饿或者到处流浪着乞讨要强上许多。

科班所收学徒是作为本班的演员和乐手来培养的，当他们学到一定程度时就要参加班里的演出，这时，科班就成了戏班。这些科班或戏班所进行的公开演出，既是学徒们成长为合格艺人必经的实践之路，又可以为那些技艺出色的学徒创造走红的条件，继而进一步为戏班赢得声誉。戏班对外演出的过程也叫作“写戏”，写戏的一部分收益要回馈给出资方，假如学徒中能出一位红角，投资方更是能因此赚到大钱。在黄遵宪的记忆中，创立于20世纪20年代末的定陶县宋楼班是一个有着悠久历史，并且“比较响”的柳子戏科班。

柳子戏又名弦子戏，早年间宋楼人也称之为“北调子”，因其主要曲调之一【柳子】好听上口，后来逐渐被称为柳子戏。宋楼班的管主是原曹县大曾班的弦手宋廷振。他去河北参加演出时，看到赛社演戏很受欢迎且有利可图，回县后便卖掉自家五十亩地，在宋楼出资创办了柳子戏科班。宋楼班曾聘请过张元龄、王福润、刘仰田、张喜乐等人为教师，后来黄遵宪学习柳子戏的老师正是由宋楼班返乡的张元龄。宋楼班的弟子中产生了很多名角，当地群众很早就有"宋楼的柳子戏好，出来个猫狗都回头咬个娃娃头"之说。这句俗谚中，"咬"是唱的意思，最后提到的"娃娃头"应该指的是柳子戏中常用的一个曲牌【娃娃】，由此可见宋楼班的柳子戏在当地群众中名气之响、影响之大。

宋楼班以"冬"字排辈，学徒中的冬莲（即李永秀）、冬明（即何东明）等人，后来都成为与黄遵宪同团的同事，合作演出过不少戏。而当时在菏泽一带赫赫有名的柳子戏科班曹县曾班——也就是宋楼班创办人宋廷振原来所在的科班，有一位红脸花脸行当的柳子戏大角张春雷，他与巨野孙家义班的花脸演员崔明雨等人，也都在黄遵宪正式步入柳子戏生涯之后，陆续成为同事和搭档。

柳子戏演员黄遵宪的培养之路是科班之外的另一种途径，属于民间性质的"玩友"。同很多地方相似，鲁西南柳子戏的玩友多是穷人，平常唱戏就是"穷玩"。稍微像样点的演出，基本是受雇于比较有钱的地主，由其出资购买衣帽盔箱和伴奏乐器等唱戏所需后登台。黄遵宪的家乡黄岗村就曾有过这样一位地主。后来虽然他不再出资组织演戏，但村里柳子戏玩友们的"穷玩"热情却丝毫未减，每逢年节或农闲时节，玩友们也不搭台子，就随意找一处场院甚至街边空地，摆上一张桌子，倒上壶水，再在周围摆上几张板凳，便演唱起来。当地人管这种玩法叫"坐板凳头"或者"打围鼓"。当年一听说村里有"打围鼓"的，黄遵宪准会兴奋地跑过去听。即便是唱戏的人既不化妆又无行头，并且大多没什么表演，只靠唱唱曲牌、说说道白，像撂地说书似的说唱一番，童年时代的黄遵宪依然每次都听得津津有味。

在乐此不疲地观看本村玩友们的演出之余，童年时代的黄遵宪还经常跟着大人们到周围的村子去看戏。那时他常看的除柳子戏和枣梆两个剧种的演出外，还有梆子戏、花鼓戏和扬琴戏等。每次黄遵宪跟随大人们一起看戏，回家的路上总能听到他们聊戏的种类、谈戏的内容，或者评论某某演员的表演，这种耳濡目染，加深了黄遵宪对戏曲的喜爱，让他越看戏，就越爱戏；越爱戏，就越发到处找戏看。随着看的戏越来越多，他也越来越懂戏，直至成了一个有戏瘾的小戏迷。有时邻村演戏，家里大人们又正忙，小男孩黄遵宪就会一个人勇敢地走上几里路去找台口看戏，一些人见了，纷纷说他“小戏迷，大戏胆”。

庄户孩子干活早，像薅草喂羊、拾柴烧锅之类的简单家务活，经常由小小年纪的黄遵宪承担。有一次黄遵宪扛了个空筐，独自走出家门去薅草。不料这一走就溜出了三五里地，像被勾了魂似的直奔有戏的村庄而去。等散戏之后，他看着肩上空空如也的筐子，才想起自己应该是出来薅草的。此时，小男孩的顽皮天性便露出头来。他先是找了几根树枝在空筐子里支出一个空洞，再在树枝表面盖满一层草，做出满筐的假象，回家后让大人看着是满满一筐子草，好像完成了任务，然后就用这点远远不够数的草，去糊弄家里那些等饭吃的羊儿们。羊儿们也就因为有着这样一位戏迷小主人，而不得不挨了一顿饿。

## 爱画画的顽童

对于童年时代的黄遵宪来说，在20世纪30年代到40年代初的鲁西南小村庄黄岗村，正是持续而热闹的戏曲演出为贫穷的生活平添了许多乐趣。这种热闹，即便是在战争阴影的笼罩之下仍然没有明显减弱。当时，已经入侵郓城县的日本鬼子大多驻扎在县城，较少到黄岗村来骚扰，但给乡亲们造成的精神压力却显而易见，因此，大家便需要更多地借助戏曲活动来提高民族凝聚力和提振抵御外敌的勇气。正是在这样的持续戏曲演出氛围中，黄遵宪慢慢养成了自己对戏曲的喜好和欣赏品位。

新中国成立之初搜集到的柳子戏戏谚中，有“不看傧戏的花衣裳，也得看柳子戏的光脊梁”一说。是说枣梆（即傧戏）多演出生旦戏，以服饰华丽著称，柳子戏的演出则经常真刀真枪、赤膊上阵。另外还有“吃肉要吃肘子，听戏要听柳子”之说，是比喻柳子戏的味道就像吃肘子一样带劲和令人振奋。由此可见当时在民间广受欢迎的柳子戏演出是那些热闹火爆的剧目，而其中那些花脸或红脸应工的武打戏，正是当年黄遵宪的最爱。

童年黄遵宪在初次看到花脸戏时就曾问过大人：“这人怎么长这么样的脸？”“台上的老包这么长的胡子，他怎么喝糊糊啊？”得到答案后他还是不满足，索性于开戏前好奇地跑去看演员们怎么化妆。等看到演员们是在脸上画出个花脸后，又种下了满满一脑子想要试试的念头。一次，只有五六岁的黄遵宪趁父母不在家，用灶下的锅底灰给自己抹画了个花脸，不料正画在兴头上时，父母回来了，自然为此挨了一顿训斥。

锅底灰或者草木灰什么的，在顽皮的童年黄遵宪手里，简直就是现成的涂画笔墨，既然都能够在自己的脸上涂抹，又有哪儿不能当成画布描绘呢？可真有那么一次，黄遵宪的画，“作”得有点大。

那是村里一户比较有钱的人家，刚给自家的大院子新砌了一堵长长的土坯院墙。院墙砌得干净、漂亮，干透之后，更显出溜光水滑的平整和光亮。这一下，可让爱画画的黄遵宪“逮着了”。吃过晚饭，他便从灶下找出几块黑炭头，直奔那面光滑的院墙而去，并且以它为画布，开始明目张胆地创作一幅巨大的“炭笔壁画”。

对于这位“小画家”来说，绘画的素材都是现成的。村后有一条通往郓城县城的宽敞土路，每天经过那里的马车和小推车可有不少，有时还夹杂着小汽车和当时最先进的德国吉普车，以及被当地人叫作“电驴子”的摩托车。另外，距黄岗村不远有一座教堂，里面的德国神父也会时不时地出现在这条土路上。黄遵宪每天外出拾柴，大土路是他的必经之路，路上的光景天天能看见，几乎全都记在他脑子里。再加上日常所见的风景和物件，这些林林总总的绘画素材，一下子就被创作热情高涨的“小画家”黄遵宪在那面长长的院墙展现得满满当当。提起当年那一面墙上的涂鸦，黄遵宪还记得：“我晚上没事就在月明地里画，给它画了一墙。画上了小汽车，小汽车里边还有小人。摩托车俩轱辘，上边坐个神父，那是德国神父。画了马车也有牛车、骡车，反正记在脑子里的我都会画，虽然画的水平不高，但是有俩耳朵这就是驴呗……”就连偶然见过的牵着骆驼的算卦人，也被黄遵宪不怎么形象地记录在这面墙上。反正这面被当作画布的墙有多长，那条人来车往的土路就在上面延展有多长；那一晚能想起来的东西有多少，就都会出现在墙上的某个空白之处。而这一富有童趣的涂鸦过程，更是让“小画家”自己不无得意又心满意足。可仅仅一夜过后，当这满墙的图画展现在村里人面前时，即刻又成了顽皮男孩的一项“罪证”。

第二天一早，院墙的主人怒气冲冲地前来黄家兴师问罪。黄遵宪的父母见这些炭灰的涂抹实在擦不干净，只好一再跟人家赔不是、说好话。所幸父亲是个好脾气，或许还对孩子这般富有创造力的举动有着一丝欣赏，对他并没有过多责怪。因此，这一次“闯祸”事件留给黄遵宪的，只是一次关于绘画的有趣童年记忆。

年龄稍长之后，黄遵宪不再随意涂鸦，但是画画的兴趣依然还在。后来他画过老虎、画过树木、画过乌鸦等各种鸟儿，还画过树上的鸟窝、感兴趣的风物，不过这些画多是一时兴之所至，并没有刻意保存。直到

黄遵宪绘包公脸谱

黄遵宪绘曹操脸谱

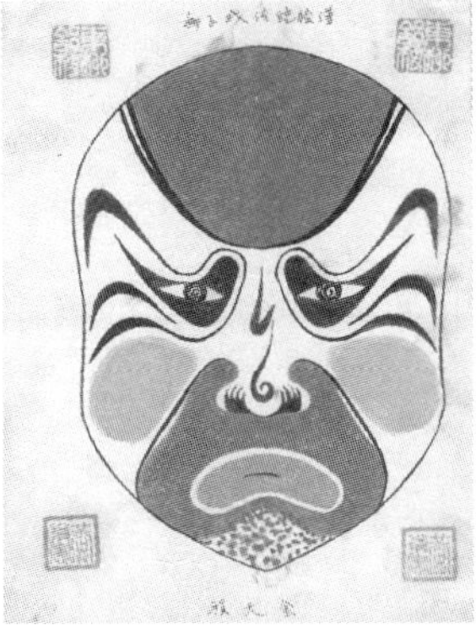

黄遵宪绘程咬金脸谱

黄遵宪绘猴（孙悟空）脸谱

黄遵宪绘刘唐脸谱

黄遵宪绘徐龙脸谱

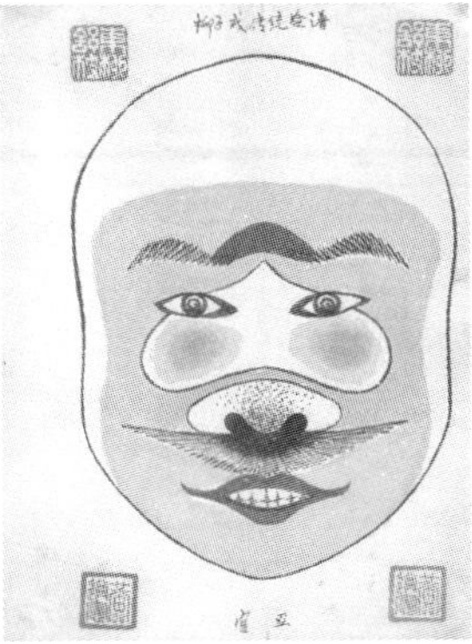

黄遵宪绘官丑脸谱

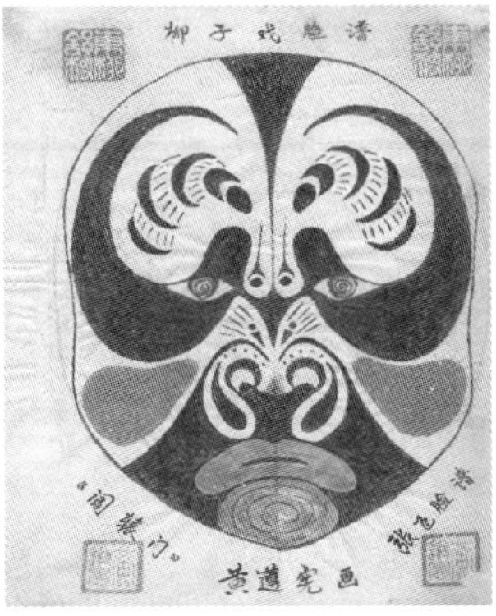


黄遵宪绘张飞脸谱

开始演戏后，他又爱上了画脸谱，并且将这一爱好持续多年。黄遵宪手绘的脸谱，涵盖柳子戏、京剧和梆子多个剧种，仅孙悟空的就有七八张。后来，他自己用硬质地的画报纸做了几个册页，每一页都有他仔细粘贴上的一张精心描绘在A4白纸的脸谱。这几个册页做得细致而工整，显然花费了不少心思。看着这些倾注了心血的脸谱，黄遵宪回首往事，自己都惋惜于没有走绘画之路。但若以从事柳子戏事业作为一个与绘画并列的选项让他选择，他的选择依然是无悔当初。

## 上学、改名、识字

如果说黄遵宪对于绘画的喜爱，后来是以画脸谱的方式与他热爱的戏曲事业联系在一起，那么他在从事柳子戏事业之后，不断加强理论知识学习和不断提升自身艺术素养的过程，则是靠读书来完成的。对于一个只正式上过半年学的农村孩子来说，这似乎有些令人费解。但与他学演柳子戏的过程类似，没入过科班并不等于学艺不精。他的识字过程，也是以类似于“玩友”的方式完成的。

黄遵宪出生在一个并不富裕的普通农家，一家人主要靠家中五亩薄田不多的收成勉强糊口。黄遵宪和弟弟出生后，家里的日子更加拮据，因此每每逢集，父亲几乎都要去集市上帮别人卖卖粮食，挣几个辛苦钱。多数时候，还会将散落的粮食收一收底，带回家中聊补生计。从父亲口中黄遵宪得知，他们这户郓城县黄岗村的黄姓人家，是明朝此地遭遇自然灾害，导致人口锐减后，于永乐年间从山西迁徙过来的。而家里老辈的境况要比父亲独立成家后好上许多。

在黄遵宪爷爷那辈，黄家经营着本村唯一一家染坊，雇有师傅和技术人员，算得上是小康人家。那时大家都生活在一个大家庭，爷爷兄弟三人在家中各司其职。大爷爷负责管理染坊。他的亲爷爷在三兄弟中行二，负责耕种家族的农田和喂养牲口。三爷爷则独爱唱戏，是一位柳子戏玩友。父辈的几个兄弟，包括黄遵宪的父亲和叔伯们也都有上学的机会，是有些文化的。其中父亲在学堂中学过几年国学，论文化大概相当于现在的初中。

黄遵宪记得自己小时候，父亲有一本《五方元音》。这本书由明朝秀才樊腾凤编著，是樊腾凤因参加反清活动失败，在清兵入关后被迫躲于地窖三年期间写成的。《五方元音》实际上是一本字典，它以十二个韵母和二十个声母为索引编成，这些韵母和声母以偏旁部首表示，用来查字非常方便。后来，樊腾凤的后代将其刻成木版，又将此木版带到上海用石印翻印成册，继而在全国广为流行。由于父亲的这本《五方元音》是以部首归类，在年幼的黄遵宪眼中就更像一本画书。他好奇于"这一溜字怎么有一边都是一样的？为什么这些都有个言字？那些又都是走之边？"兴趣一来就会经常翻看。父亲见他有兴趣，便开始有意识地教他识字。比如黄遵宪要问："咱那个'黄'字在哪儿来？"父亲就会帮他找到书中草字头的部分，由此，他不但认识了自己的姓，顺便还认识了其他一些草字头的字。就这样，因为这份好奇心，黄遵宪在上学之前已经认识了不少字。

12 岁那年，黄遵宪进入本村的私立黄岗小学读书，而入学之初，他就遇到了改名的"大事情"。由于父亲念过私塾，思想观念上崇尚孔孟之道，为两个儿子起名时多少受了些影响。黄遵宪这辈在家谱中排"遵"字辈，父亲就给兄弟二人分别起名为遵孔和遵孟。上学之前，村里人则一直以其乳名"小留才"来称呼黄遵宪，进入学校后，他才正式开始使用大名。黄遵宪的第一位老师是本村的一位黄姓本家，虽然已是"苍白胡子老头"，但因为辈分小，却还得管当时只有十来岁的黄遵宪叫小叔。或许是嫌“遵孔”这个名字过于陈旧，又或许是对清朝改革家黄遵宪比较推崇，老师就将“黄遵孔”改为了“黄遵宪”。当然，那时的黄遵宪并不关心老师为什么给他改名，更不知道这个新改的名字来自一位历史名人，这件事给他留下深刻印象的，只是老师对他新名字中出现的“宪”字的讲解。他记得，老师一边一笔一画地书写，一边以一个字谜来拆解着当时使用的繁体的“憲”字：“看山不像山”——宝盖头；“王子在中间”——宝盖头下面稍露出头来的“王”字；“四臣来保驾”——再下边的一个“四”字；“一心定江山”——最下边的“心”字……自此以后，黄遵宪这个名字伴随他走过了无数岁月，伴随他一步又一步走向成功，并且逐渐成为在山东柳子戏乃至山东戏曲史上一个被记录下来的名字。

上学期间，黄遵宪是一个受欢迎的孩子。他不但爱学习，也和同学们相处得非常融洽。可惜这段时间只维持了半年，就因为家里的活计实在太多，父亲不得不让他休学。回到家中的黄遵宪很快成了家里家外、田间地头的主要劳力，好在家里的那本《五方元音》一直是他身边学字、认字的无声老师，而通过这种出于兴趣主动读书的“玩友”式学习，黄遵宪不断让自己获得知识和文化的滋养。同时也正是这种最初的滋养，为他日后的进一步学习与进步打下了结实的基础。

## 练就一身武功

黄遵宪的家乡隶属于山东菏泽郓城县，而菏泽一带不仅是山东境内著名的“戏曲之乡”，还是有名的“武术之乡”。当地时兴练武的村子很多，时兴学戏唱戏的村子更多，他所在的黄岗村就是这样一个兴戏又兴武的村庄。黄遵宪记得，他年少时在家乡流行的主要有几种拳术，一是大洪拳，二是梅花拳，另外还有一些小的拳种。会点儿拳术的人们经常在赶集、赶会的时候聚在一起，除了互相切磋，还有点表演的意思，能吸引不少人观看。再加上附近村庄的学武或者唱戏之人也会不时地会聚在一起，会戏的“玩戏”，会武的“玩武”，因此每逢集市很是热闹。黄遵宪的整个童年和少年时期，就是在这样的氛围中度过：无论是观看“坐板凳头”或“打围鼓”式的戏曲演唱，还是围观打场子练武，都是日常生活中“玩”的主要内容，而男孩子们到了一定年龄学点武功，更是极其普遍的事情。

黄遵宪从小身体比较轻盈，又爱翻爱滚，会点武术的父亲见他身体素质不错，就在他十岁左右，拿着帖子、带着礼物，领着他去正式拜师学武。父亲先是带他去拜了一位武师学习六步拳，黄遵宪却对这种拳法兴趣不大，学了一阵就不练了。然而正是这不长时间的一段练习，开启了他学武和练武的生涯。

最初黄遵宪学武和练武的主要内容，就是翻跟头、劈叉、踢腿等武功基本动作，其间打打把子，甚至真刀真枪什么的也耍过。有时一帮练武的伙伴还会聚在一起“玩场子”，无非就是翻、滚、打一通，然后跟围观的人们要点小钱。出面敛钱的，经常是年龄最小的黄遵宪。看在这个小孩的份上，大家多多少少，哪怕三毛五毛的也会给一点儿。说起来，虽然那时几个一起练武的小伙伴大多家里并不富裕，但谁也不指望靠“玩场子”式的打几路拳脚贴补家用。观众们其实知道，他们之所以会以表演武术的方式挣点小钱，完全是为了帮助别人。

那时的黄岗村里住着一位来自河北的武术教师，因为家乡一度遭遇蝗灾，导致其家境非常窘迫。而黄岗村既然学武成风，也自然有着习武之人的侠义心肠。周围八里十里乃至二三十里，常不时有人推着车子来给这位武师送点口粮。孩子们也有样学样，不但把靠自己练武挣得的一点散钱帮衬他，还在譬如春节这样家里吃食比较丰富的时候，有的从家里挖上一小瓢粮食，有的带上点糕饼、卷子等现成干粮，去看望这位武师。

与黄遵宪同村的黄广勋是召集学武的几个年轻人以“卖艺”形式筹款筹物，帮助河北武师的发起者。已经练了几年武的黄广勋见年幼的黄遵宪身体素质不错且有一副热心肠，便将其引荐给自己的武术老师——马亥村的回民拳师马体林学习大洪拳。自此，年长黄遵宪十余岁的黄广勋就成了黄遵宪的大师兄，黄遵宪也开始在师长们的教导下，慢慢练就了一身武功。

在山东菏泽一带广为流行的大洪拳，据说是源自宋太祖赵匡胤的一套传统拳法。而黄遵宪的老师马体林因一生致力于发扬光大大洪拳，被尊为洪拳大师。马体林自幼受家庭熏陶热爱武术，加之天资聪颖、勤勉刻苦，很快在当地有了名气。后来他游历黄河两岸、大江南北，不断精进自己的拳术，很快以武艺精湛、艺德高尚赢得了人们的敬重。20 世纪 40 年代初，也就是黄遵宪开始学习大洪拳期间，马体林曾被菏泽专署聘为武术教师，兼郓城武术教官。他培养的武术人才不胜枚举，其中就包括黄遵宪的武功师兄黄广勋。

出身于武术世家的黄广勋在拜大洪拳九世传人马体林为师后，除平时精练武艺，还曾随师闯荡江湖。1940 年前后，黄广勋跟随师父在郓城、鄄城两县开设的二十余个拳场协助教徒。之后，由于抗日战争的战乱流离，师徒几人开始四处游历，在打拳卖艺谋生之余遍访高人，虚心求教。长年的游历生涯，使黄广勋的武功既能集众家所长又独树一帜，他曾被官方聘任为菏、郓、鄄三县武术总教练，并多次在当时菏泽、聊城、济宁各行署举办的武术大赛中夺冠。新中国成立后，黄广勋在山东、安徽、江苏三省的多个市县设场教学，收徒众多。晚年，更是协助晚辈开设了以培养新时代武术人才而享誉全国的郓城宋江武术学校。1991 年，黄广勋当选为冀、鲁、豫、皖、苏五省的少林大洪拳掌门人。他于耄耋之年，还编撰了《大洪拳拳谱》一至四卷，为进一步弘扬中华武术作出了极大贡献。

与黄遵宪同样生长在“武术之乡”和“戏曲之乡”黄岗村的黄广勋，不仅是积极为黄遵宪学武之路引荐名师的大哥，还曾于 1950 年前后在黄遵宪所在的山东省柳子剧团担任过武打导演，热心辅助柳子戏事业。在黄遵宪的人生履历中，学武的这段经历是他步入戏曲之路的一项重要人生积累，而这一段积累又是与黄广勋联系在一起的，因此多年以后，已经成为柳子戏名家的黄遵宪，曾多次探望过这位师兄，更是多次在对自己的访问中，心怀感念地谈起自己的师兄黄广勋。

家乡淳厚质朴的民风和家庭宽厚仁爱的氛围，使黄遵宪养成了善良而直率的性格。在家中，这个顽皮的男童虽然像无数小男孩一样，因为调皮捣蛋的天性给父母惹过不少小麻烦，但却是日常生活中不可缺少的勤劳懂事的持家小帮手。在村里，从小爱翻爱滚、爱调皮、爱跑来跑去不闲着的黄遵宪，也是短短小学生涯中同学们喜欢的好伙伴，和习武生涯中与同伴们友好相处的好朋友。他从不会自恃有点功夫而恣意寻衅，更不会欺负比自己弱小的小孩，可假如有谁想招惹他，他也绝不会因为对方比自己强壮就害怕，总要勇敢地反击。

当年的习武少年黄遵宪，如今已是一位慈祥长者。虽然年逾八旬，练武依然是他生活和工作中不可或缺的部分。他的言谈间，显露出练武之人的直率个性；他的举止间，更是可见常年练功的利落腿脚。而回首当年，他曾经出于兴趣所喜爱的画画、读书和练武等“初心”，都已融入对柳子戏的喜爱中，尤其是习得的一身武功，更成为他很快成长为柳子戏演员的一个有利条件。

## "玩友"出身的柳子戏小演员

黄遵宪的童年和少年时代，几乎是在抗日战争时期度过的。1937年抗战全面开始时，他只有5岁，正是对戏曲产生兴趣，并且到处看戏的时间。到8年之后中国人民取得抗日战争伟大胜利的1945年，黄遵宪已成长为13岁的少年。这段时间陪伴黄遵宪一路成长的，就有他最爱的家乡戏柳子戏。

柳子戏是清初曾经活跃在中国戏曲舞台上的四大声腔——"南昆、北弋、东柳、西梆"中的一种。它"流行在山东、河南、苏北、冀南、皖北一带。在山东省的曲阜、泰安、临沂，以及豫东、苏北等地，又叫'弦子戏'。黄河以北叫作'北（百）调子'或'糠窝窝'。"① 在戏曲声腔的分类上，柳子戏属于弦索系统地方戏。其声腔源头，可追溯到"元、明、清以来，中原地区一直流传着【锁南枝】【傍妆台】【山坡羊】【要孩儿】【驻云飞】【打枣竿】等俗曲小令。这类俗曲小令也曾经在山东济南、临清、章丘、滨州广为流传。柳子戏就是在它的基础上发展而成的。"②

曾经以"东柳"之名在中国戏曲声腔中名噪一时的柳子腔，差不多是在徽班进京，皮黄大兴后，即回归到城镇和农村为主的民间土壤。而山东菏泽一带，正是柳子戏的主要流行地区之一。其后，由于中国社会陷入连年战乱，又使得散落在民间的地方戏曲剧种呈现出比较纷乱的状态。抗日战争时期，伪政府就多次颁布政令，对地方戏曲的演出加以管制。比如1939年2月16日伪山东省会警察署发布的政字第201号训

① 纪根垠：《柳子戏简史》，中国戏剧出版社1988年版，第2—3页。
② 同上书，第3页。

令《为奉令颁禁演剧目仰遵照严行查禁由》，曾一度将流行在民间的部分戏曲剧目乃至剧种，扣上了“扰乱治安”或“有伤风化”的帽子，很大程度上限制了民间戏曲的演出和民间班社的发展。在这种情况下，山东全省各地的地方戏曲班社有的被迫解散，艺人们“解甲”归田，有的则改唱比较“安全”的京剧等大剧种，只剩下为数不多的几个班社惨淡经营。对于柳子戏来说，虽然在当时的鲁西南地区，尚有以曹县、菏泽、东明、滑县一带为中心活动的曹县大曾班，以及主要活动于济宁、兖州、曲阜、嘉祥等地的济宁孙班等几个较大的班社，但无论其活动范围还是演出收入，较前都大大缩减。

与受时局影响较大的班社演出相比，柳子戏在民间的自由演出却依然活跃，黄遵宪的家乡黄岗村，就是这样一处自由的柳子戏活跃之地。原本就拥有大量柳子戏玩友的黄岗村以及周边村庄，并没有在抗战时期成为直接的战场，乡亲们虽处在战争的阴影下，但出于天性中对戏曲的喜爱，却更是将其作为调剂压抑生活的一份精神滋养，来宣传抗日热情和鼓舞大家的乐观态度。也正因如此，黄遵宪的童年虽逢战乱仍能够得到充分的民间戏曲滋养。

胜利的这一天终于到来。1945 年，中国人民抗日战争取得伟大胜利的喜讯传到了黄岗村，使这个小村庄陷入沸腾。众人欢庆之际，有人提议道：“咱也和平了，让庄上小孩晚上都学戏吧！”村里几位会戏的长者闻声积极响应，主动要求教孩子们学唱戏。随后，他们便在村里找了一间屋子，每天晚上都会花费两个来小时的时间无偿教孩子们学习戏曲演唱。这些教戏的是玩戏“玩”出来的柳子戏民间艺人，学戏的人则是喜欢“玩”戏的顽童稚子。用黄遵宪的话说：“他们是自愿教的，不拿工资。我们也不用给他东西。最多是给学戏的招呼一下：‘哎，拿上两毛钱咱打油啊——晚上点灯’。”就这样，黄遵宪算是开始了学唱柳子戏的生涯。

如果拨开黄岗村柳子戏教学活动那貌似散漫的形式外表，就会发现，当年教授孩子们演唱的老师中，其实隐藏着一位高手。他就是堪称柳子戏权威的张元龄。张元龄本是柳子戏艺人，他嗓子好、会戏多，又兼工多种行当，只因为身材高大，较难与人配戏，转而以教戏为主。在柳子戏科班兴盛的时期，张元龄曾搭过不少名气大，被民间叫作“响班”的柳子戏班，其中最有名的是定陶宋楼班。成立于20世纪20年代末的柳子戏科班宋楼班一直活跃到新中国成立之后，甚至如今，宋楼一地的柳子戏民间班社仍活跃在鲁西南地区的城镇乡村。张元龄在宋楼班执教期间，曾培养出不少柳子戏名角，黄遵宪虽然只是他的玩友徒弟，在日后也成为了柳子戏名家，所以这位老先生，说起来真是一位对柳子戏有着极大贡献的人物。

张元龄是郓城县张坑村人，他有两个女儿，其中一个嫁到了黄岗村。年迈之后，张元龄经常到黄岗村的女儿家住上一阵，由于黄岗村是一个柳子戏玩友的集中地，张元龄来到村里就会顺便教教大家唱戏，并因此收下了包括黄遵宪在内的几位玩友徒弟。

这一时期柳子戏在鲁西南民间的演出，以火爆热闹的武戏较受观众喜爱。同时由于职业戏班的演出受限，往往是经老艺人牵头组班，临时找几个玩友，凑上几出老戏来满足观众的需求。演出武戏时为吸引观众，常直接邀约武术队编排武打套路，柳子戏的“光脊梁”即由此闻名。黄遵宪所在的黄岗洪拳武术队，在这样的演出中经常被邀请，但是以农家子弟为基本构成的武术队成员们平时各忙各的，只有闲时练武，集体时间较难统一，况且临时参演的武术队一般只管演出期间的饮食不拿份子，因此并不是每一次被邀约时武术队里的所有人都能到场。如此一来，既爱武术又能唱上几段的黄遵宪，就成了为数不多的，能够随叫随到的一个。有时演出的台口距黄岗村不但有着相当的距离，还是黄遵宪从来没有去过的陌生地方，他也会在父母的支持下，扛着铺盖，徒步走上几十甚至上百里路，赶去践约。

这些由老艺人组织的民间演出，每次历时三四天，差不多十天半月就有一次。时间一长，经常按时到来的一些人基本固定下来，一来二去，便自然形成了有着分工合作关系的演出集体。说起当初那段日子，黄遵宪回忆道："小孩十来岁不就是唱上一两个曲儿，演几个小角色嘛。玩友又不是职业的，大部分是农村闲时唱着玩，所以才叫玩友。有的时候有人组个团、组个班的，也经常被人邀请去。说今天、明天、后天或者十几天以后哪里有戏，就去了，慢慢唱着也就学会了不少。"黄遵宪还笑言，自己学戏的过程是当"戏偷"。他说："老师就说，一个人唱一辈子戏哪有百分之百都是学的，好多都是'偷'的。听别人的，然后模仿，这不就是偷么。当'戏偷'又不为孬，时间长了以后人家都赞成。听听看看，学得挺好。这和偷钱又不一样，偷钱是品质不好，是犯罪。唱戏的哪有总让老师坐那儿点着板教的，好多都是看完别人演，自己再演演试试的，就是这样学会的。"

此时只有十几岁的黄遵宪经过几年的习武，已拥有了比较扎实的武功基础，同时，通过跟老师学习了一些曲牌再加上当"戏偷"，在柳子戏演唱方面也有了一定积累，因此他的每一次登台，都能将身上的武功与柳子戏演唱自然结合起来。加之他平时学戏用功刻苦，很快就成了一位在台上"打打武戏再唱唱角"的柳子戏小演员。

当然，黄遵宪之所以能够走上柳子戏道路，除了环境的熏陶和个人的喜好外，还离不开父亲的支持和鼓励。虽然曾因家中贫困，缺少劳力，无奈之下父亲让只上了半年学的黄遵宪辍学回家，但在支持他学戏的问题上，父亲的态度却是一以贯之的。再联系父亲主动带着他拜师学武一事来看，这个生长于这片土地上的男人，确实骨子里渗透着鲁西南人爱戏、爱武的强大地域文化基因。在黄遵宪到处搭班演戏的那些日子里，父亲不但在精神上给予他支持，有时还会到他演出的村庄陪上他几天，常常是晚上散戏后，就和儿子一同挤在草铺上。而每当父亲坐在简陋的台下，看着戏台上儿子的身影，总会不无骄傲地告诉身边的观众："那个是我儿子！"无论是周围人对父亲的羡慕还是对台上黄遵宪演出的赞叹，又都会增添父亲内心的快乐。

在早年的演出生涯中，年龄尚小的黄遵宪出演的多是武生和小生角色。又由于是以武术入行，演出武戏较多，因此在一段不短的时间里，他的行当定位一直是武生。而他饰演的小生则大多相当于二路或三路角色，再加上那时柳子戏本身的小生戏并不重，用他自己的话说，就是"有个十几句的唱还能应付不了？"比如说起少年时代曾经演出过的《斩李钦》①，黄遵宪在剧中饰演的是"背着个手，插个牌子等着斩的李钦"，"就是坐在那儿，唱个曲子。等人家旦角（的唱段音乐）进去就没事了。其实那角儿嗓子好点孬点的都不怕，人家又不专门评你的唱，也没谁提这个人物该咋塑造。"但正是这些最基础的民间舞台实践，让黄遵宪完成了从柳子戏玩友到一名柳子戏演员的完整训练。

① 又名《双封王》《大祭桩》或《蔡雪花三告李彦荣》，柳子戏传统剧目，也是很多地方戏曲剧种共有的剧目，各剧种剧目中情节和人物姓名略有不同。当年七十六代衍圣公孔令贻酷爱柳子戏，曾亲自扮演过《斩李钦》中的院公、丫环等角色，可见此剧在早年间比较流行。

# 二、戏品之承

一般来说，一个人的个体命运总是和他所生存的时代与社会环境紧密联系在一起，这一点不仅同样适用于黄遵宪，似乎还有着更多时间上的巧合——在他步入戏曲之路的每一个阶段性的人生节点，大多与中国历史上的大事件有着巧遇般的重合。

出生于 1932 年的黄遵宪，在 1945 年他 13 岁时，开始学习柳子戏演唱并搭班演出。这一年，是中国人民抗日战争取得胜利的一年。中华人民共和国成立那年，17 岁的黄遵宪成为柳子戏义和班的正式一员。这个名为义和班的民间班社，与后来的郓城县工农剧社有着直接的源流关系，工农剧社则是山东省柳子剧团的前身。而对于黄遵宪来说，从工农剧社到山东省柳子剧团的经历，正是他从玩友出身的柳子戏小演员，历练成一位卓越的柳子戏表演艺术家的一段人生轨迹，同时，也是他戏品养成的一段心路历程。

## 成为职业剧团一员

黄遵宪将自己从艺的过程，概括为“打打武唱唱角，再从小角到大角”，他的从“打武”到“小角”，即是从玩友到柳子戏专业演员的过渡。1948年年底，解放战争时期著名的一场战役淮海战役打响，黄遵宪和同伴们一起，共同加入了为前线运送军粮的队伍。虽然只有四十余天，但是由于这一次他们是战役的亲临者，对于胜利的渴望就伴随着战事的紧张逐步加剧。因此，当淮海战役最终取得胜利的消息传来时，大家的兴奋之情简直难以言表。几位经常在一起搭班演出的柳子戏艺人凑到一起，决定高高兴兴地唱上几出戏，好好庆祝一下。这次庆祝，“就是大家伙儿觉得把老蒋打败了，咱们高兴，唱个戏吧，就是这样的，是群众自己发起的。”戏演起来之后，气氛越来越热烈，“我们也越演戏越多。比如有人说，上我们村演演行吧？就去演上几场。演着演着大家伙就都熟了。”黄遵宪记得，当年他所在的黄岗武术队中的几个伙伴，有黄广勋、黄广君、黄广由、黄自顿、黄玉才等人，最初都是被柳子戏义和班邀请去打武戏的，后来由于他们打的武戏很受观众欢迎，有的人就自然而然地成为义和班的一员，这其中，就包括黄遵宪自己。

柳子戏义和班演出最为活跃的时候，正值新中国成立伊始。此时的义和班虽已迈进新社会的门槛，但在新中国成立之初百废待兴，戏曲班社尚不及一一规范的情况下，依旧与其他一些民间班社一起，延续着旧时戏班的生存状态。这些民间戏班，只在收到邀请外出演出时，由邀请方暂时负责一应所需，多数时间则处于“没人管”的状态。而“没人管”的结果，就是有时自主去外村演出时，难免会被当地残留的地痞流氓势力骚扰，致使艺人们无法安心演戏。

不久，大家听说别的县由政府批准，成立了县剧团，班里的艺人刘进堂就代表大家，向郓城县提出将班社转为柳子戏职业剧团的申请。1950年，郓城县文化馆为班社开具了“职业演出证”，自此，这个由柳子戏艺人们自发组成的班社终于有了官方身份，成为郓城县内的一个柳子戏职业演出团体——郓城县工农剧社。剧社成立后实行分红制，每一次演出后黄遵宪都能分到二三十块钱，虽然“家里不富，也不指望这挣钱吃饭”，但是对于黄遵宪来说，成为郓城县工农剧社的一员，就意味着他从一名民间艺人，正式成为具有“公家”身份的职业演员。

作为当年郓城县内的四个职业剧团之一[①]，柳子戏工农剧社汇聚了一批深受群众喜爱的著名柳子戏演员。其中既有原班社成员刘进堂、郑兰亭、李永秀、张兴成、刘庆云、宋锡龄、王玉鸿、侯敬福、黄玉才和黄遵宪等，又有后来逐渐加入剧社的外县演员。比如张春雷、何芳善、赵洪山等人原是复程县新声剧社的主要成员，“1953年，因复程县文化馆的个别同志对柳子戏的发展前途持消极态度，提出让柳子戏演员改唱四平调剧种，张春雷等怀着对柳子戏的深厚感情和坚定不移的信心，毅然放弃了多年辛勤劳动置办的戏箱，与何芳善等离开复程，参加了郓城县工农剧社。”[②]期间，由原济宁孙班的李文远、许瑞云等柳子戏演员组成的曲阜县新生剧社，以及成立时间不久便解散的嘉祥县人民剧社部分演员，也参加了郓城县工农剧社，使得剧社的力量不断壮大。对于当年郓城工农剧社成立时的这一状况，黄遵宪认为，是历史推动下自然产生的结果，“也可以说是柳子戏迎接着新的历史，被历史推进了。”

由于业务力量的壮大，郓城县工农剧社很快突破了旧时戏班“四生、四旦、四花脸”的演员构成，成为一个行当俱全、阵容齐整、名角荟萃

① 同期的其他三个剧团，分别为梆子、本地謅（即枣梆）和平戏（即落子）。
② 纪根垠：《柳子戏简史》，中国戏剧出版社1988年版，第220页。

的，具有相当高艺术水准的柳子戏剧团。当时剧社的“生行有：张春雷（红脸，正生），张兴成、何芳善（帮生），李永秀（小生），黄遵宪（武生），王福润（老外）；旦行有：李明云、孔繁奇、许金铭（青衣），郑兰亭、刘进武（闺门旦），刘进云、刘进堂（花旦）；净行有：刘仰田（大花脸），何东明、崔明雨（二花脸），张兴灿（三花脸），刘明保（文武丑）等，张春雷也兼演黑脸（如《错断》[①]的包拯等）、奸白脸（《许田射鹿》的曹操等）、花脸（《闯辕门》的张飞等）。乐队中有：程兆林（司鼓）、冯保全（笛）、陆秀立（笙）、侯敬福、王传明（三弦）、宋锡龄（手锣）等。在王福润等老师傅的指导下，绝大部分传统剧目，均能演出，因此，被山东省文化局和菏泽专署文化科列为重点辅导的剧团之一。”[②]

然而这一时期，虽然柳子戏的演出很受群众欢迎，但剧社的条件却并不容乐观。1953 年，由华东戏曲研究院编审组资料研究组的几位专家组成的山东地方戏曲调查小组，对山东地方戏现状进行了深入的调查访问，他们完成的《调查报告》中，“对柳子戏的形成、发展、现状，发表了精辟的见解，最后郑重地提出：‘若不设法抢救保存，必将涣散，这是很值得注意的问题’。”[③]

是年冬天，山东省文化局委派省戏曲工作组[④]的戏改干部会同菏泽地区当地人员，冒着严寒为郓城县工农剧社送去了 1000 元补助费。戏改干部与剧社演职员同吃同住，并和观众一起在露天观看了柳子戏的演出。继而亲身体会到：“尽管他们收入菲薄，全部行头、炊具，连同年逾古稀的王福润老师傅，只用一辆太平车就足以完成全部运输任务，但

---

① 即《包公错断严查散》。

② 纪根垠：《柳子戏简史》，中国戏剧出版社 1988 年版，第 221 页。

③ 同上书，第 5 页。

④ 成立于 1953 年 8 月，是当年山东省开展“戏改”工作的主体执行单位。1957 年以其为基础扩建为山东省戏曲研究室，1981 年起称山东省艺术研究所，2014 年更名为山东省艺术研究院。

是他们不叫苦、不灰心，演职员们（包括年过半百的主要演员、团长张春雷）都是步行赶台口，坚持昼夜三场演出。这种为了保存和发展柳子戏的执着精神，使我们深受感动。”[①] 而郓城县工农剧社正是在这样艰苦的条件下，在鲁西南、苏北以及豫东一带，维持了良好的演出声望。

这里，有必要介绍一下上段引文中提到的王福润老先生。王福润生于清朝年间的1884年，卒于1969年，巨野县柳林集王水坑人，是柳子戏剧种史上一位非常重要的人物。王福润童年开始学唱柳子戏，应工小生行当，十几岁时就被当时已负盛名的清丰县[②]洪家班邀请，进行搭班演出，在清丰、南乐一带演唱了十余年之久。王福润虽然文化程度不高，但博闻强记，会戏颇多。对柳子戏剧种中演唱高腔、青阳、昆腔、乱弹的传统剧目，以及生、旦、净、末、丑各行当的唱白科介无不精通，并以善于对柳子戏传统表演程式进行继承与革新在洪家班享有盛名。后来他来到曹县，又在与京剧艺人的交流中学习到不少京剧程式，还向武术界学习了一些真刀真枪的对打套路。同时通过与一些不第文人的交往，请他们对部分柳子戏传统剧本进行了修改，重新润色了词句。三十多岁时，王福润转而从事柳子戏教学。先后担任过曹县曾班、定陶县宋楼班等柳子戏著名科班的教师，鲁西南地区演唱柳子戏的著名演员，多半出自他的门下。郓城县工农剧社成立后，王福润虽年事已高，但除继续进行柳子戏教学，积极培养剧种人才外，仍坚持参加剧社的演出。1956年以后，他以口述传统剧目为主，由专人代笔记录。山东省戏曲工作组在郓城县开展挖掘、搜集、整理地方戏传统剧目工作期间搜集到的柳子戏传统剧目抄本，多为其口述。当时郓城县工农剧社以及后来山东省柳

---

① 纪根垠：《柳子戏简史》，中国戏剧出版社1988年版，第5页。

② 旧属直隶大名府，现属河南省濮阳市。地处河北、山东、河南三省交界处，曾是柳子戏、大弦子戏、罗子戏、丝弦戏等多种弦索声腔系统地方戏曲的流行地。

子剧团演出的柳子戏传统剧目，也有很多得益于他的传承。[①]

在我们对当年郓城县工农剧社的情况有了上述了解后就会发现，年轻的柳子戏演员黄遵宪之所以能在日后成就为一代柳子戏名家，其实是他每一段人生促成的必然。正像他对当年剧社和剧种的发展——“（柳子戏）是迎接着新的历史，是被历史推进了的”——作出的评价那样，黄遵宪本人也是在迎接着新的历史，是被历史推进了的。虽然曾经与剧社一起经历了艰苦的演出生活，但是这一时期的黄遵宪在艺术上无疑是幸运的。他在学艺的盛年，成为郓城县工农剧社的一员。他所在的剧社，既是当时柳子戏名角的汇集地，又拥有王福润这样会戏多，且精通各个行当的师长。这样的氛围和经历，使年轻的黄遵宪逐步在艺术上得到了充分的熏陶和磨炼，也促使他与柳子戏结下了无法割舍的一生情缘。

## 从小角到大角

工农剧社成立后，由于汇聚了众多具有一定民间声望的柳子戏老艺人，年纪尚轻且资历尚浅的黄遵宪就只能在舞台上扮演一些二三流的角色。然而由于他参演的剧目较多，即便出演的多是些“小角”，还是很快积累了观众缘。

1954年，郓城县工农剧社接到参加山东省第一届戏曲观摩演出大会的任务。为迎接这次重要的演出活动，大家铆足了劲，一心想准备几出叫好又叫座的剧目，为此，很多资深艺人纷纷亮出自己的拿手好戏。仅社长张春雷就提供了包括《单刀会》《华容道》《斩貂蝉》《打督邮》《打登州》《盗骨会兄》等柳子戏红脸花脸剧目。后来经过研究讨论，大家

① 参见《中国戏曲志·山东卷》，中国ISBN中心1994年版，第708页。

决定将当时广受观众喜爱的柳子戏传统剧目《黄桑店》《盗骨会兄》和《三盗芭蕉扇》（又作《火焰山》）予以整理加工，参加省戏曲观摩演出大会。由张春雷担任《黄桑店》和《盗骨会兄》的主演，分别饰演两剧中的秦琼和杨五郎；由黄遵宪主演《三盗芭蕉扇》，饰演剧中的孙悟空。

说起戏曲舞台上的孙悟空，虽然只是武生（主要是短打武生）行当中的一个角色，但自清代以来"西游"戏开始进入宫廷视野，又历经了20世纪二三十年代众多戏曲演员们的共同努力，已经发展为中国戏曲独特的猴戏表演类型。柳子戏的传统剧目中有不少"西游"戏，而这些剧目的主角几乎全部是孙悟空，"猴子"也就成为观众比较喜欢的角色之一。武生演员黄遵宪在青少年时代就开始接触猴戏。玩友出身的他笑言当年学习演猴的途径，"一方面是老师演戏咱看。一方面是我们那里的农村有叫玩把戏的，就是牵着猴在街上要，引着人看，要钱的，从他那里模仿真猴学了一些。"黄遵宪所说的学演猴戏的老师，包括比他年长许多的三位师兄——祁秋萃（音）、张兴成和李永秀。在黄遵宪"演猴子"之前，三位师兄演出的猴戏他都有观看，自己演出孙悟空这一角色后，也都有所吸收。其中，祁秋萃扮演的孙悟空以对猴子动作的生动模仿见长。张兴成是文武老生兼小生出身，扮演的孙悟空唱腔独特，塑造角色更为全面。李永秀主攻小生行当且身怀武功，虽然演出猴戏时间不长，但扮演的孙悟空同样受到观众欢迎。

由于演出猴戏既需要武功又得有嗓演唱，很消耗体力，因此多由青年演员担纲。郓城县工农剧社成立前后，为满足观众需求，经常会演出一些热闹的猴戏。三位师兄年纪稍长后，已经开始对年轻的武生黄遵宪进行了猴戏的传、帮、带。这次剧社更决定让青年演员黄遵宪挑梁，参加省里演出的《三盗芭蕉扇》一剧。而这个任务，就是黄遵宪从出演"小角"到担纲"大角"的第一次。

从小角到大角的早年经历，被黄遵宪轻描淡写地称作“反正就是爱玩，什么都演”。但细想起来，又有多少人能因为“爱玩”就成就了终生的事业，甚至“玩”成名家了呢。所以说，黄遵宪的戏缘人生真的是幸福的。当然，幸福过程中的每一个成长阶段，总会付出辛勤的汗水甚至经历一些曲折。比如黄遵宪在从小角到大角的这个节点，虽然有自身不错的基础和剧社师长们的支持作为保障，却并非一帆风顺。

《三盗芭蕉扇》作为柳子戏的“西游”剧目之一，是一出演唱俗曲的剧目。剧中的孙悟空以模拟猴子的动作姿态和跳跃翻腾的武功技巧吸引观众，有着独特的乡土风味和表演特色，黄遵宪将其概括为“又有唱又有武。没嗓子你唱不了，你没武也玩不了”。黄遵宪演出猴戏的过程，其实是一个不断磨炼技艺的过程，过程中自然免不了出现一些小小的波折。一次，剧社在济宁嘉祥县演出猴戏时，黄遵宪饰演的孙悟空在台上正将金箍棒耍得起劲，不料一个脱手，金箍棒掉到了台下，引起观众一阵哄笑。不过很快，就有观众把棒递上台来，演出接着进行，黄遵宪也因加倍卖力的精彩演出赢回了观众的喝彩。还有一次，是在郓城县一个集市上演出猴戏，黄遵宪一个跟斗翻到了台下。而在聊城冠县的一场演出中，他也曾失误翻倒。对于年轻的黄遵宪演出猴戏过程中出现的这些“事故”，剧社的师长和同仁们从来没有嘲笑，只有宽慰和信任。因此，黄遵宪就以更加刻苦的训练来不断提高技艺，以回馈大家的关爱。

提到《三盗芭蕉扇》在山东省会济南参加戏曲观摩演出大会时的经历，有一段小插曲给黄遵宪留下了深刻的记忆，并且深刻到足以影响他一生的艺术观。

1954 年夏天，前来参加山东省第一届戏曲观摩演大会的郓城县工农剧社被安排到山东医学院①的一个小楼里住宿，演出地点也在医学院内的一个礼堂。按照大会规定，所有参加演出的剧目在演出之前都需要经过大会编导组的审查。待到郓城县工农剧社的《三盗芭蕉扇》面对审查时，编导组的尚之四导演直接就给了正因刚刚步入“大角”行列而沾沾自喜的黄遵宪一个下马威。回忆当时的情景，黄遵宪记忆犹新。他说：“我们那时候演戏，一个是凭自己的想象，再一个是按照老师教的传统演。演猴戏就得学猴子啊，就得有猴样。猴子有什么特点啊？就是好动、顽皮。比如弄个虱子——从脖子里揪出个虱子吃，从腿这里弄出个虱子吃。还有扢扢痒痒、抓耳挠腮什么的，不尽是这些动作吗？我们那时候就是这样演的，自己也觉得挺像猴样，有猴子的特点，我就做这些动作。尚之四导演去审查的时候，我就比画着弄了一个虱子吃。他看到这里，突然就说：‘停停停！干么干么，你那是干么？’我就一下愣了，回答说：‘我演戏啊。’‘干么那是！嘴里吃的是什么东西？’我说：‘猴子吃虱子啊’‘吃虱子卫生吧那样？还扢痒痒？不扢胳膊就扢腿，那是干么？’我就跟他说实话：‘那猴子不就是吃虱子、扢痒痒吗？’心里又想，俺这样学着演着都这么多年了，怎么就不中了呢？”此时，尚之四见黄遵宪露出疑惑不解的样子，就告诉他，孙悟空并不是真的猴子，应该把它当作有着猴的外表、猴的特点的人来演。他在性格上是有人的特点的，不能像真猴子那样吃虱子，这样在舞台上既显得不卫生又对塑造人物形象无益。所谓演戏，是要塑造人物的，即便是演猴，也不能只是单纯地模仿。尚之四的这番话，令黄遵宪恍然大悟，他这才明白，原来表演中包含着不少学问。比如扮演角色是需要理解角色的，并且还要在理解角色的基础上演出人物性格和人物思想。自此，黄遵宪开始对学

① 即现在的山东大学齐鲁医学院。当年郓城县工农剧社进省人员下榻的小楼，也是黄遵宪首次进省住过的小楼，如今仍位于学院的趵突泉校区内。黄遵宪后来曾多次回去探望。

习戏曲理论知识产生了兴趣，同时通过不断的舞台实践，他对戏曲表演的艺术感觉越来越好。也是从那时起，他开始慢慢养成了读书、写感想的习惯，这个良好的习惯，一直保留到今天。

在演员们的共同努力下，郓城县工农剧社参加山东省第一届戏曲观摩演出大会的 3 个剧目《黄桑店》《盗骨会兄》和《三盗芭蕉扇》均获得观众好评，年轻的黄遵宪也因为在此次全省性戏曲演出活动中饰演《三盗芭蕉扇》的孙悟空这样一位“大角”，成功迈出了作为主演的第一步。

紧接着，在上海举行的华东区戏曲观摩演出大会接踵而至。山东省代表团带到大会演出的柳子戏剧目，是《黄桑店》和《盗骨会兄》。至于《三盗芭蕉扇》没去上海的原因，是综合考虑各方面因素后的决定。

首先在剧目内容的选择上，考虑到《黄桑店》是全部《打登州》中的一折。而“《打登州》是当时工农剧社巡回演出时的‘打炮戏’，过去分上、中、下三部，分别在早、午、晚场演出，可达十个小时。”[①] 因此剧社演职人员极为熟悉。经过山东省戏曲工作组整理、改编过的《黄桑店》剧情大意为：罗舟奉登州王杨林之名，将秦琼押赴登州，途中作威作福，对其不断折磨。途经黄桑店时，恰史大奈奉徐茂公之命前来救护秦琼。史大奈见罗舟所为非常气愤，欲将他杀死，被秦琼拦住，并晓以大义。罗舟方知秦琼是英雄好汉，于是愿暗中相助，与史大奈共同搭救秦琼。同样，《盗骨会兄》一剧在演出前也经过了精炼整理。该剧又名《五台会兄》，剧情为：杨六郎赴昊天塔盗取父亲杨令公骨殖后，途经五台山，巧遇金沙滩一役后在此出家的杨五郎。兄弟二人久别重逢，抱头痛哭。此时，韩延寿率众赶来，五郎怒击追兵，送别六郎下山。《黄

① 纪根垠：《柳子戏简史》，中国戏剧出版社 1988 年版，第 221—222 页。

桑店》和《盗骨会兄》均为柳子戏代表人物张春雷的拿手剧目，剧中的出场人物不多，戏份也比较集中。但二者相比，《盗骨会兄》的戏份多集中在杨五郎身上，人物和剧情稍显单薄，不像《黄桑店》那样，是围绕秦琼、史大奈、罗舟三个性格各异的人物展开情节，有着更为丰富的观赏性。所以省里在评议赴华东区演出剧目时，将前者列为展览剧目，后者选为参赛剧目。这三出柳子戏剧目中的《三盗芭蕉扇》，演绎的是观众熟知的一段西游故事。剧中人物除孙悟空外，还有猪八戒、唐僧、牛魔王、罗刹女等，出场人物较多，演出时又以武打为主，从剧种特色来看，唱腔部分没有其他两部突出，从人员来看，演员的队伍稍显庞大，因此决定这次不予派出参赛。

其次，山东省在选择赴华东区参演的柳子戏剧目时还考虑到，当时由“南派猴王”六龄童主演的绍剧《三打白骨精》正走红全国，这与同为“西游”戏的柳子戏《三盗芭蕉扇》在题材上“撞了车”。另外黄遵宪记得，当时有既看过绍剧《三打白骨精》又看过柳子戏《三盗芭蕉扇》的人指出，绍剧“三打”在思想性方面，是要强于柳子戏“三盗”的。“同时绍剧也是个古老的剧种，既然人家都准备好了这个戏，柳子戏反正也有其他戏，所以就决定《三盗芭蕉扇》不参加（华东区）演出。”就这样，黄遵宪没有作为演员去上海参赛，但是作为郓城县工农剧社的一员，他还是出现在华东区戏曲观摩演出大会的现场。聊到此处，黄遵宪乐呵呵地说：“我那时去上海了，没上戏，改在乐队打铜器，打的锣、镲什么的。是给《黄桑店》打铜器去了！”

## “尚之四是我的导师”

1954 年的山东省和华东区两次演出大会，不但让柳子戏青年演员黄遵宪走出了乡村舞台，看到了更加广阔而丰富的世界，并且让他结识了艺术生涯中一位终生难忘的导师——尚之四。

尚之四 1921 年 7 月出生于平度县（今青岛平度市）尚家疃村，小学和中学就读于青岛。在校期间他不仅学习成绩优秀，还在美术和音乐方面表现突出，是一名文娱活动积极分子。1942 年尚之四于平度中学担任音乐和美术教员期间，开始从事抗日地下活动。1945 年他受党组织委派到西南海干部学校进行短期培训，之后，在西南海联中和西海中学担任教务副主任兼音乐、美术教员，同时负责组织指导学校剧团。在此期间，尚之四导演过话剧《群策群力》，歌剧《改邪归正》《白毛女》等，并在一些歌剧中扮演角色，还自编自导了一些小戏。1948 年 4 月潍坊解放后，尚之四到潍坊从事教育工作并组织业余剧团。通过组织戏剧活动，他培养了一批演员，为后来潍坊市文工团的成立奠定了一定基础。后来，尚之四又在潍坊市文工团排演了不少新戏，在过程中，他不但“特别注重向戏曲传统和民间艺术学习借鉴”①，广泛涉猎多个剧种曲种，“并能消化吸收变成自己的营养，融会贯通运用于新排的新戏新节目中，使之具有鲜明的民族民间艺术特色。”②

1952 年全国进行文工团（队）整编时，潍坊市文工团撤销。尚之四被调到新组建的省歌剧团③担任副团长兼导演。此时全国文艺界正进行戏曲改革，吕剧剧种又被山东省确定为“戏改”的重点，有着丰富经验的尚之四通过导演吕剧现代戏《李二嫂改嫁》《光明大道》及一些新编传统剧目，成为当之无愧的山东戏曲改革中坚主力。黄遵宪在山东省戏曲观摩演出大会节目审查阶段见到的尚之四，正处于这一时期。那

① 王殿基主编：《尚之四的导演艺术》，山东文艺出版社 1997 年版，第 3 页。
② 同上。
③ 即后来的山东省吕剧团，现为山东省吕剧院。

时，尚之四不仅在导演艺术方面已炉火纯青，对于如何启发和培养青年演员更是积累了丰富经验。因此，他针对黄遵宪演猴（孙悟空）绝不能简单模仿猴的动作，而是要理解人物、塑造人物的一番教导，才能使黄遵宪受益匪浅。随后，黄遵宪在随剧社赴上海演出时，进一步开拓了艺术视野，继而对尚之四的一番教导有了更加深刻的认识。从这个角度来说，正是尚之四的启发，开启了原本就喜欢思考的黄遵宪的艺术观。

1956年，山东省文化局举办了第二届戏曲观摩演出大会，郓城县工农剧社演出了整理改编传统剧目《白兔记》中的“兴围”“回围”“磨房”三折。这一次，黄遵宪没有参加大会演出。但在大会结束不久，尚之四就和刘梅村[①]一起来到菏泽，在戏曲编导讲习班[②]担任授课老师。黄遵宪作为这个班的学员，再次有机会聆听到尚之四的教诲。当时，尚之四在讲述戏曲理论方面的课程时，曾提到戏曲表演是否要完全遵循自然主义原则的问题。他举的一个例子是“有的人演猴就吃虱子”，说的就是在审查《三盗芭蕉扇》一剧时，第一次与黄遵宪见面的情景。虽然讲课期间，尚之四没有点名这个例子的主角就是黄遵宪，但依然让正坐在台下听课的黄遵宪为几年前不太成熟的自己感到有些羞愧，同时，也进一步加强了他努力学习的决心。谈到尚之四对自己的影响，黄遵宪说：“尚之四虽然是我的导演，但我不称他导演，而是称他导师。演戏当中人家点拨咱，教给怎么塑造人物，我还参加过他的编导学习班，又学了不少东西，后来我会排点戏就都是跟他学的。我本来就爱戏，原来只是演，后来演、导、编我都想尝试尝试，这就是经过他（尚之四）的点拨才这样的”。

① 吕剧《李二嫂改嫁》编剧之一，是一位对新中国吕剧改革作出过重要贡献的山东戏剧家，

② 《中国戏曲志·山东卷》第56页“大事年表”1956年记录中有“11月10日起，山东省文化局举办第二期戏曲演员讲习会……”未见举办地点，或为同一事件。

与导演尚之四合影。从左至右：黄遵宪、尚之四、李永秀（1991 年）

尚之四对黄遵宪的点拨当然远不止于此，这些，才仅仅是启蒙和开始。几年后，柳子戏演员黄遵宪会遇到他人生中的一出大戏——由尚之四执导，黄遵宪主演，后来成为柳子戏经典剧目的《孙安动本》。这出戏，让黄遵宪收获了他一生中最大的一笔事业财富，其中很大一部分，就直接来自导师尚之四的引导与教诲。

除了事业上的收获外，黄遵宪还从尚之四那里得到了精神上的指引。在黄遵宪撰写的《尚导演怎样给我们排戏》一文中，记录了一个小故事，这个故事虽然发生在几年后的《孙安动本》排练场，并且对于尚之四来说，或许还是一件比较失礼的事情，但在黄遵宪的心中，却连同导师的谆谆教诲一起，给他留下了深刻的印象。以下，就将黄遵宪写就于 20 世纪 90 年代的这个小故事原文摘录。

> 尚之四同志对艺术的追求，经常到了入迷、忘我的程度。1960 年剧团赴上海演出，《孙安动本》边演出边加工。有一次排戏休息时，演员们有吸烟的有喝水的，唯独他斜着身子坐在那里默默地出神。扮演张从的崔明雨端个杯子悄悄来到他身边，用手动了他一下请他喝水。不料惹得他大动肝火："你干什么？干什么？谁让你这么勤快？"弄得老崔很尴尬。待排戏结束，我抽了个机会小声对他说："人家好心给你送水，你不该吵人家，让人家下不来台。"他如梦初醒："什么？我吵人了？吵的是……是谁？"当他明白后，马上向老崔同志表示道歉。原来当时他脑子里正酝酿着一个新的艺术构思，崔明雨送水打断了他的思路，才惹得他发了火。尚之四同志就是凭着这种精神，为柳子戏排了《孙安动本》《玩会跳船》等一批优秀剧目，在柳子戏发展史上留下了灿烂的一页。[①]

显然，正是文中记述的尚之四对于工作的那种执着与痴迷，深深触动了黄遵宪，让原本就对柳子戏无比热爱的他，获得了精神上的支持和鼓励，从而不断坚定了为事业而奉献的信念。因此，尚之四之于黄遵宪，无疑是一位全面的、名副其实的事业导师。

## 老艺人资历　新演员思想

从新中国成立之后黄遵宪的成长道路来看，这位新中国成立前就开始学戏，有着老艺人资历的柳子戏演员身上，却几乎浓缩了新中国柳子

① 王殿基主编：《尚之四的导演艺术》，山东文艺出版社 1997 年版，第 112 页。

戏剧种的一段历程。同时他的善于思考，他的接受新思想、新观念之快，又无不显示出新时代演员的精神风貌。正如黄遵宪自己所说：“旧艺人的旧习惯我也知道一些，像我的师大爷、师叔，甚至师兄都有一些旧习气，但是我觉得旧习气真是恶习，所以我不学。那时也因为我学戏的班子不是窝班，是玩友班，所以可能旧习气接受得也少。”他还说，“有人说我这个年纪，新中国成立前就从艺了。但我说我不是旧艺人，我是新中国成立后成长起来的演员。我虽然生在旧社会、学戏在旧社会，但是我没学旧作风，没学旧意识，我是有新意识的。”正是这种新意识，让黄遵宪产生了对导演、编剧、评论甚至一切与柳子戏有关的新工作的尝试渴望。而对于导演这一工作的尝试，在黄遵宪从菏泽地区参加完讲习班回到工农剧社不久后，很快就得以付诸实践。

从 1957 年开始，郓城县工农剧社进入了“高产”期，短短几年时间里，剧社排演了很多新戏，其中既有历史剧也有现代戏。由于当时剧社成员中有不少老艺人，很多没什么文化，对于如何排演一出只有剧本的新戏完全无从下手。此时，因学习过一些戏曲理论知识而在思想观念上有了很大进步的黄遵宪站了出来，主动要求承担排演新戏的任务。谈到当年他这样做的原因，黄遵宪说：“我就是觉得要弄一个新戏，有些事谁办呀？比如怎么找人印剧本，哪个人演什么角色归谁分配，这些总得有人干吧。我就来布置任务了，包括组织人弄剧本，组织人弄唱腔，组织演员排戏什么的。当时也不觉得干的这些和导演有什么关系。”确实，黄遵宪当年主动干的一些事情，除了部分是导演分内的工作之外，还有很多属于统筹或剧务职责范畴。这不仅是他从导师尚之四那儿学习到的东西发挥了作用，使其有了在演戏之余参与剧目创作的冲动，还因为那时他在剧社里算是文化程度比较高的，是一名“小秀才”。

正如前文所说，虽然黄遵宪在学校上学的时间不长，但认识的字可不少。会读、会写，又是剧社“老人”的黄遵宪，是每次剧社演出前书写宣传牌（也叫水牌）的执笔人。“比如今天上午《打登州》，明天上午《西游记》——这样的牌子就是我写”，“小秀才”的绰号即由此而得。而每当收到一个新的剧本，细心的黄遵宪又想着多为大家干点什么，所以排练现场总会出现他忙碌的身影。然而年纪轻轻的他在为剧社忙碌的同时，也听到过一些不同的声音。有人认为他就是一个从农村出来的会武术的孩子，刚演了几个角色就想当导演给别人排戏，真是个好逞能的“能豆子”。对此，黄遵宪很不以为然，他觉得只要是自己认为值得尝试的事情、能够让自己学到新东西的事情，就要勇敢坚持。他所认定的坚持，显然有着一种与新时代极为合拍的闯劲儿和热情，这种坚持，必将成为他走向事业高峰的精神驱动力量。

黄遵宪参与导演的第一出戏，是现代戏《捉妖记》。戏的内容是“粉碎蒋介石派来的特务在大陆搞破坏的故事”。此后不久，他又陆续导演和参演了新编或者移植的《扫帚星》《除四害》《五姑娘》《刘介梅》等现代戏。这段时期，正是从“反右”运动到“大跃进”的几年，工农剧社演出的现代戏中，自然含有不少“极左”的成分。这些剧目只是柳子戏历史中的昙花一现，但它们，却忠实地记录下黄遵宪的成长足迹。

在郓城的这段“高产”期中，《金鳞记》是黄遵宪自己比较满意的参加导演的作品。《金鳞记》是一出脱胎于传统剧目的新编历史剧，最早的戏曲版本是明传奇《鱼篮记》，全名《观世音鱼篮记》，其后成为诸多地方戏曲剧种的传统剧目。1956 年，著名剧作家田汉在观看了湘剧《鱼篮记》后，觉得编写得不够成功，便决定亲自执笔进行修改，并更名为《金鳞记》。《金鳞记》的剧情为：书生张珍自幼与金宠之女金牡丹订婚，后张珍家遭不幸，投奔金府。金宠嫌贫爱富，故意冷淡张珍，命其夜读于府中碧波潭。潭中金鲤鱼慕张珍人才，幻化成金牡丹与张珍相会，张珍误以为金牡丹对己情真。次日，张珍偶遇金牡丹，与其攀谈，金牡丹受惊，张珍遂被金宠逐出金府。金鲤再化作金牡丹追赶张珍，为金宠所见，将二人拘回府中，众人方知家有真假牡丹。金宠请包拯到府中识别真假牡丹，金鲤的水族朋友龟帅也化作包拯来到金府。包拯在审讯中查知金宠父女嫌贫爱富，对此不予理睬，反显出假包拯一派真性情。金宠又请张天师施法。假牡丹金鲤携张珍同逃，并率众水族与天兵天将搏战。最终，观音感金鲤情真，劝其随己修炼。金鲤却宁愿舍弃千年道行，忍痛揭下金鳞三片，落入凡尘与张珍结为人间佳偶。

1957 年，黄遵宪在《剧本》月刊上看到了《金鳞记》剧本，觉得“这个戏不就是我们的《鱼篮记》么，人物和情节咋一样啊！”，而经过田汉的改写，《金鳞记》无论在思想性和艺术性方面都有了很大提高，剧情也更为紧凑，增强了观赏性。工农剧社很快决定，就按照这个剧本排演一出柳子戏的《金鳞记》，并由黄遵宪担任导演。

柳子戏《金鳞记》上演后，很受观众欢迎，郓城县的有关领导看到这出戏后，觉得工农剧社确实排了一出好戏，要求他们经常演出。不久，谭震林、谭启龙等领导及五省检查团到菏泽视察工作，期间来到郓城。因工农剧社几年前在山东省戏曲观摩演出大会和华东区演出大会上均获得好评并拿到了奖项，县里对柳子戏和剧社很是重视，因而安排剧社为前来视察工作的领导们演出了一场正在当地火热上演的柳子戏《金鳞记》。观看完演出之后，谭启龙很是惊讶于山东居然还有这样一个剧种，它的音乐和唱腔是如此别致，韵味是如此独特，一时令曾经长期在南方从事革命工作的谭启龙赞不绝口。

正是这一场简单的招待演出，使柳子戏以别具一格的剧种特色脱颖而出，进入了省领导的视线。谭启龙等人回到济南后，即与当时山东省的其他领导舒同和秦和珍等人商议，准备将郓城县工农剧社调省成立山东省柳子剧团，从而让柳子戏得到更好地发展。而此时作为《金鳞记》导演的黄遵宪，正为《金鳞记》的成功演出喜上眉梢。如今谈及至此，黄遵宪还有些激动和兴奋。他说："柳子戏参加过两次省会演（指山东省第一、二届戏曲观摩演出大会），省里对柳子戏有印象。但这一次不但是有印象还打算大力扶持了。后来省文化局把柳子剧团（指郓城工农剧社）调到了济南，在这住了一段时间。干什么呢？翻演剧目。来了就和我们说，你们什么任务呢？就是演戏，会多少演多少。我们就天天演戏，有时候一天演一个，有时候两天演一个，演给赵剑秋、尚之四、孙秋潮[①]等等他们这些人看。"其时，柳子戏已被列为山东省重点加工的剧种，工农剧社调省的计划也在酝酿之中。调工农剧社来济南的任务，就是让专家帮助筛选出一些有提高空间的传统剧目，将其整理加工后为即将成立的山东省柳子戏筹备优秀剧目。

郓城县的柳子戏演员们来到济南后，驻扎在剪子巷附近，一住就是一个半月。虽然如黄遵宪所说，"演的这些戏有全会的，也有角色不全的。比如像我这样的吧，不是花脸行当，有时也临时扮个花脸角色。那时候郓城来演戏的人也不是都会演老戏，有时候老师会，年轻演员不会，就让老师给说说戏"，但对于他们演出的每一出戏，专家们都会认真观看并做了实时记录。"这样，一下子翻出了好几十个柳子戏传统剧目。其中就有一个《三上本》，又叫《徐龙打朝》，引起赵剑秋的注意。记得剧团快回家的时候赵剑秋说，该过春节了，你们也该回家了。这个戏啊，你们要经常演演，认为哪个地方不太好的可以改改。"

回到郓城后，工农剧社开始按照省领导的部署以及专家的建议演出传统戏《徐龙打朝》（为叙述方便，以下将剧名统一为《徐龙打朝》，不

① 三人时为山东省戏曲研究室专家。其中赵剑秋为山东省文化局艺术处处长兼省戏曲研究室主任。

再出现《三上本》)。然而省里领导和专家对于如何修改这一剧目并没有给出具体的指示和意见，同时它在柳子戏演员眼中不属于“响戏”，甚至在有些演员看来，只是“压箱底子的戏，基本上有好戏都不演它”。之所以想起它的原因，多半是在济南长达一个半月的时间里，大家已经搜肠刮肚地把“响戏”都演完了，无奈中才“从箱子底下翻出来这一出戏”。因此，大家虽然按照省专家的指示，尽量多地演出这一剧目，并尽量去修改戏里面一些演起来不太满意的地方，但苦于没有明确的修改方向，只能停留在对唱段的进一步处理上。此外，由于这出老戏原为结构比较松散的本戏，自然在演出时无法面面俱到。而当时，包括黄遵宪在内的许多人根本无法预料，就在不久之后，一部将推进柳子戏剧种历史、改变黄遵宪个人命运的大戏，将在这出曾经不温不火的传统戏《徐龙打朝》基础上，炫目重生。

# 三、戏运之转

“一出戏救活了一个剧种”，这是时任国务院总理周恩来于1956年观看进京演出的昆曲《十五贯》之后，给予该剧的高度评价。柳子戏《孙安动本》从某种程度上说，同样是具有这种“救活”意义的。在新中国柳子戏的发展史上，与《孙安动本》同期曾出现过《黄桑店》《五台会兄》《玩会跳船》《张飞闯辕门》等多部优秀的柳子戏整理改编传统剧目，然而《孙安动本》之于柳子戏，却几乎是标志性的。它与上述几出剧目，不但共同肩负起抢救剧种优秀文化遗产的重任，并且其本身的经历，就堪称一段“活”的柳子戏历史。

从脱胎于被偶然挖掘出的传统戏《徐龙打朝》，到集中山东省优势创作力量的几度重大改编；从拍摄成电影和红遍全国，到突然急转直下的一“黑”到底；再从以剧目带动剧种复苏，成为柳子戏经典。这一系列的过程中，《孙安动本》本身就充满了起、承、转、合的丰富戏剧性。与此同时，主演《孙安动本》的黄遵宪不仅因出色塑造了孙安这一艺术形象，与孙安的名字紧紧联系在一起，更是通过塑造这一人物形象，开拓出属于自己的演唱和表演方法，继而完成了个人艺术生涯中，从普通演员到柳子戏表演艺术家的华丽转身。

## 转折之端倪

《柳子戏简史》中有这样一段记载："1956 年和 1957 年举行的两次全国戏曲剧目工作会议，提出了破除清规戒律，大力发展、清理传统剧目，扩大和丰富上演剧目的要求。山东省文化局于 1956 年 11 月召开了第一次戏曲剧目会议，有柳子戏等 18 个剧种的二十几位老艺人参加了会议，省文化局负责同志强调指出：应该尊重老艺人，老艺人是活的传统，我们要依靠老艺人把丰富的戏曲遗产继承下来。会议号召老艺人们尽量把所有的剧目从箱子底下挖出来；同时要求青年演员虚心地向老前辈学习，使戏曲事业继续发展和日趋繁荣。柳子戏老艺人王福润等在会议期间，协助省戏曲工作组的专业人员查清核实了柳子戏传统剧目的数字，对待抄剧目作了初步分工。会后，省戏曲工作组训练了一批抄录人员，由王福润、李文远、程庆春、郑兰亭、李永秀、何善芳等口述，先后记录传统剧目 120 种……"①《徐龙打朝》正是在此背景下被挖掘和记录下来的一出柳子戏大型本戏。同时郓城县工农剧社在省里翻演剧目期间，这出戏又开始以直观地展现，进入人们的视野。

柳子戏传统剧目《徐龙打朝》的情节有两条线索，一是表现剧中人物孙安为报父仇，日动三本，弹劾权臣张从的三上金殿"上本"（即"动本"）情节；二是表现孙安"动本"失败后由定国公徐龙进行的"打朝"

---

① 纪根垠：《柳子戏简史》，中国戏剧出版社 1988 年版，第 225 页。

情节。该剧虽然涉及反映忠奸斗争的主题，却不乏宣扬愚忠愚孝、父报子仇等封建伦理观的内容，且于两条主线外敷衍出一些庞杂的头绪以及部分哗众取宠的噱头。其表现过程又基本是流水账式的平铺直叙，场次构成较为松散，人物个性也不太鲜明，显示出的是一种民间的、粗砺的原始叙事状态。在山东省领导指示要经常演出后，济宁地区戏曲研究室对这一剧目进行了初步整理，由郓城县工农剧社在济宁进行了汇报演出。有关领导观看后给予了充分肯定，并进一步指出：要学习孙安精神，要敢于动本，不要怕，必要时绑起老婆、孩子上金殿，为民请命。就这样，在各级领导的关怀和重视下，柳子戏《徐龙打朝》如同沙里淘金般从众多传统剧目中脱颖而出。

作为亲历者，黄遵宪在他撰写的《尚之四与柳子剧团》一文中对这一过程有着详尽的描述。

> 1959 年 3 月，原郓城县柳子剧团在济宁一带演出时，尚导演奉上级命令，带领王魁官、田菊林同志来帮助剧团整理传统剧目《徐龙打朝》(《孙安动本》的前身)。对于尚之四同志，大家并不陌生。早在 1954 年他就加工导演过柳子戏《黄桑店》《五台会兄》《三盗芭蕉扇》，并参加了全省第一届戏曲会演，其中有的还获了奖。他此次来团，使大家兴奋不已。后来，济宁地区又派杨汉卿同志来团，成立了该剧最早的一个编导组。
>
> 那时的柳子剧团尚属自负盈亏性质，吃、住、演出等条件相当艰苦。《孙安动本》就是在滕县一个上面漏雨下边存水的小戏院起的家。在边演出、边改戏、边排戏的情况下，尚之四同志施展了他卓越的指挥才能。他强调排练场是第一线，编剧、导演、乐队包括行政人员都要听从他的安排。当时，编导

> 手中别说脚本，就连个提纲也没有，只是在看了原剧的一场演出后，记住了场次和角色的姓名，就算是提纲了。接着，便以他为主来结构剧情，写出一段拉一段，写出一场拉一场，边拉场边配唱。排练场上、编剧的小屋里，演员的宿舍里，到处都活跃着他的身影。为了拓展思路，他还组织全团人员看他排戏，大家可以当场发表意见，他随时将一些合理意见融进剧中去。仅经过一个多月紧张而有秩序的工作，一个数万字的“平面”剧本和一个已较成熟的“立体”舞台剧同时诞生了。这为以后的反复锤炼、修改打下了坚实的根基。回头再看看尚导演和王魁官、田菊林、杨汉卿等几位同志，一个个都瘦了一圈，眼里也布满了血丝。①

这段生动的文字，让我们难以想象出自只正式上过半年学的黄遵宪笔端，其中渗透的用心和细心，则让我们无法怀疑，正因为具有如此好学、认真的品性和细致的观察能力，才有可能扎实成就一个人的事业。而文中所表述的内容，不但清晰记录了《孙安动本》一剧的起点，并且饱含着写作者黄遵宪对尚之四的情谊，足以印证导师尚之四在黄遵宪心目中的重要地位。

《孙安动本》在初排阶段，仍沿用演出传统旧本时的演员班底，由张春雷饰演剧中孙安。但是后来出现在舞台以及银幕上的孙安形象，都固定在黄遵宪身上，以至在几十年的时间里，他已经和孙安融为一体。对于其中的变化，《张春雷与柳子戏》一书中的部分段落给出了答案。

---

① 黄遵宪：《尚之四与柳子剧团》，载《戏剧丛刊》1992年第3期，第56—57页。

张春雷一直以正面大生行当饰演孙安，由花脸演员何东明饰演徐龙。本来张春雷是花脸红脸行当，而正面大生如《龙宝寺》之张大德、《安南国》之陈骞等人物，也都创作得有血有肉。他饰演孙安，因其扮相堂正，嗓音沙甜，工曲严谨，又因他是几十年来的柳子戏“男一号”，在群众中有较高的威信，从新中国成立前的“掌班”到现今的“业务团长”，他饰演已被省文化局列为重点优秀剧目并欲晋京汇报演出的《孙安动本》之主角孙安，是顺理成章，理所当然的事。

然而，为了把《孙安动本》这个优秀传统剧目加工得更加完美[①]，省文化局、省戏研室派来了专家小组，夜以继日，加工整理剧本，拉排改编后的场子，此剧在日渐提高。

由于张春雷先生年事已高，又因文化水平所限，记忆力有所减退。对经常改词和大幅快速的排练节奏有些不支，便由孙安助演、当时已经因演《火焰山》[②]猴戏而出名的文武小生黄遵宪代排。

张春雷在台下仔细看着黄遵宪的认真入戏，听着黄遵宪刚柔并济的唱腔，敏锐地捕捉到黄遵宪年轻气盛而迸发出的人物激情，忽然灵机一动。

张春雷私下找到导演尚之四：“尚导演，我看就叫遵宪演吧！”

尚之四沉默良久。

张春雷见尚导演不说话，诚恳地说：“我看行！”

---

① 此处引用的《张春雷与柳子戏》一书由黄遵宪提供。在本页内容上，他将这句话修改为：“为了把《徐龙打朝》（《三上本》）加工得更加完美。”足见其认真程度。

② 即《三盗芭蕉扇》。

尚导演感到责任重大："角色可是省里领导、专家集体讨论定的，不过我可以偏重给他排练加工，你在旁边看着，不行就接过来。"由于黄遵宪的勤学苦练，聪明好学，经过不长时间，一个清新英俊、激情四射的新孙安形象出现在人们面前。在给省里领导、专家汇报演出时，得到首肯。①②

青年时代的黄遵宪

实际上，由崭露头角的青年武生演员黄遵宪来替代公认的柳子戏"男一号"张春雷主演这样一出重点剧目的决定，不但让导演尚之四一时放心不下，就连突然获得这个机会的黄遵宪自己也心里没底。在此之前，担任孙安助演的黄遵宪就曾经一度有过忐忑："由于（该剧）修改频繁，加之张春雷文化程度不高，常常学了新词忘了旧词。为了不影响工作进度，领导决定让人先代他拉场、立本子。当时团里看我年轻，学词快，便让我担当此任，等本子立起来后再让张春雷接演。尚导演也对我说：'壮小伙子多做点事，对剧团有好处，对自己也没坏处，辛苦点有什么，这不是锻炼的好机会吗？'我二话没说，愉快地接受了这个任务。谁知，愿意接受和能否胜任是两码事儿。我原来是演武戏的，演得最多的是《西游记》里的孙悟空。初演孙安，连台步都走不好，深一脚浅一脚地窘相百出，这和庄重严肃、潇洒大方的孙安有相当大的差距，有些人讥笑我是'孙安加猴'。风言风语没有动摇我的决心，在尚导演的辅导下，

① 此处引用的《张春雷与柳子戏》一书由黄遵宪提供。在本段文字后，黄遵宪添加了"从这时，才改名为《孙安动本》的"。

② 段雨强、刘玉端：《张春雷与柳子戏》，中国广播电视出版社2004年版，第21—22页。

经过一段时间的刻苦训练，（我的）外形动作基本上符合了要求。然而，最困难的是嗓音条件……”[①] 此时此刻，只演出过《三盗芭蕉扇》一出比较重要的大戏的黄遵宪，马上就要成为众人瞩目的省重点剧目《孙安动本》的第一主演了，这给予他的无形压力，显然要比给张春雷当助演大出了许多。

## “要在喉咙里找孙安”

回忆当年，黄遵宪既有理智的分析又不乏冷静地反思，他认为：“那之前，因为都是张春雷演孙安，他的演唱风格是用那种沙哑的嗓子唱，就是秦琼、关公之类的花脸、红脸角色的那类嗓子，孙安也是这样唱的。孙安虽然不勾脸，是个净面，可一唱起来嗓音还是和勾脸的角色一样老、一样苍。但那时候观众对这样来演唱孙安是认可的，为什么呢？就是因为除了这样的以外，没有第二种形象，也没第二种声音。经过整理改编后的《孙安动本》就换上我了，年龄年轻，声音也清脆，按京剧说是老生唱法而不是柳子戏老观众印象中那种红脸、花脸唱法，这样一个全新的孙安出来，很多观众也认可。其实如果想一想，那个戏里的孙安是 32 岁，应该就是以前那种用苍老声音塑造的形象吗？所以这也是一部分人认可我塑造的孙安的原因。但是也有一些观众有老观念，他们认为得保留原来红脸唱的那种，不赞成我这个小学员扮演的孙安，有人就一直不认同到 1962 年拍完电影，还是想恢复那种唱法。”

1959 年刚刚参加《孙安动本》正式排练的黄遵宪，显然远没有如今这般冷静。因为是从张春雷的助演转为正式主演，黄遵宪评价那时的

① 黄遵宪：《尚之四与柳子剧团》，载《戏剧丛刊》1992 年第 3 期，第 57 页。

自己“之前就演些小生啊、武生啊什么的，反正是能唱几段曲的那种，对嗓音没什么要求，基本上就是刚过来的小尖腔，并且除了孙猴，没演过大角，说实在的，没什么艺术水平。”所以在他的潜意识中，最初是与那些曾经反对过自己新唱法的观众一样，总觉得自己的嗓音条件怎么唱都不像孙安。为此，他在背地里不知下了多少功夫，就是一心想学张春雷的演唱风格，想努力往张春雷的红脸嗓音上靠。

黄遵宪的嗓音高低音悬殊较大，且明显存在着换音区障碍，有高音唱上去很难下来，降下来又很难唱上去的问题。而张春雷的唱、念属于“老传统声腔型”，“这种发声，以炸音为主，有一种粗烈的野味”①“因此一张口，如同虎吼一般。难得的是，他（张春雷）的嗓音虽然属于粗烈炸音型，但他的嗓子并不宽厚，再加上音域较高，因此听起来如同遥闻深山虎啸，有一种隔离感，因此这种粗烈在审美上并不刺耳。他的发声，既有助于表现人物刚烈的性格，又给人别样的野味之美。”②想要练成张春雷那样的嗓音，对于先天条件完全不同的黄遵宪来说，简直是一项不可能完成的任务。结果练着练着，黄遵宪自己的嗓子几乎失了音，差一点连曲调都唱不出来。

这一通邯郸学步式的练嗓，让导演尚之四大为不满，他问黄遵宪：怎么着了黄遵宪？是喝酒了，吃辣椒了，还是感冒了，这嗓子怎么弄成这样了？黄遵宪回答说：我是练嗓练的，得练老师张春雷那种风格。我不是那种嗓子，得练出来啊。尚之四听后，首先肯定了黄遵宪的本意是好的，但是“好意效果不好”，并启发他：你不要学什么门头，学什么唱法，而是要从自己喉咙里找好听，从你喉咙里找出孙安这个人物。也就是要撇开其他的因素，把你自己演的孙安唱好听了，怎么好听怎么

① 于学剑：《表演艺术评论》，中国文联出版社2000年版，第322页。
② 同上。

唱，怎么是孙安怎么唱！黄遵宪听后，还是有些不解，就又问导演：我过去是演猴子的，那个腔怎么能像孙安呢？“‘哎，正好。’尚之四也很滑稽，他说，‘孙悟空会七十二变，你还不能变个孙安出来吗？’”正是这一句笑话似的启发，让黄遵宪茅塞顿开，他终于明白了，要想“变”成孙安，就要撇开，“谁也别管，就演自己的，就唱自己的。得自己先觉得好听，才能让观众认可你。”而这，虽然是当年针对黄遵宪如何塑造好孙安这一人物形象的成功启发，却成为他艺术生涯中一项重要的收获。

对于自己在这段经历中的成长，黄遵宪念念不忘导师尚之四的指引。他说：“自此以后，我练嗓就不限制在一个剧种的范围，也不机械地模仿某一行当，而是博采各种剧种、各个行当老艺人的发声方法和技巧，把粗嗓练细，细嗓练粗，让真假嗓有机地结合起来，然后再求圆润。尚导演就是这样用‘挖’的精神搞柳子戏剧目，也用‘挖’的精神开启演员唱、做、念、舞的潜力，甚至像打油匠一样，对演员进行‘榨’油，逼着演员练、变，以提高戏的质量和演员的素质。我就是在他的‘挖’、‘榨’下，形体动作和唱腔日臻成熟的。”①

从1959年3月开始建组后的一段时间里，柳子戏传统剧目《徐龙打朝》虽然向着全新的整理改编剧目《孙安动本》迈出了可喜的一步，但距离一出精品显然还有着不小差距。同年9月，《孙安动本》剧组进驻金秋时节的青岛，开始对剧目进行第一次重大的改编。此时的黄遵宪已经作为该剧主演登台亮相，并且已经在走过一段邯郸学步式的弯路后，按照导演尚之四“找孙安，找好听”的启发，逐渐根据自己的嗓音条件，琢磨出了属于自己的演唱方法。

---

① 黄遵宪：《尚之四与柳子剧团》，载《戏剧丛刊》1992年第3期，第57页。

为进一步修改和完善《孙安动本》，剧组在青岛召开了座谈会，邀请到了著名京剧表演艺术家周信芳、著名戏剧家马少波等专家、领导及部分群众代表，以广泛听取各方面人员的意见和建议。会上，周信芳在针对改编《孙安动本》提出自己的艺术见解时，顺便提到了主演黄遵宪的演唱。他问黄遵宪：小伙子，你的嗓子是怎么回事啊？是临时性的还是原本这样？黄遵宪知道这是由于前段时间自己练嗓的方法不对，导致嗓音还没有完全恢复，这一次被京剧大师听出来了，就如实回答说：周老师我不是这个行当的，我的嗓音纤细点，是想练老师的唱法，练得有点狠了。周信芳听后，语重心长地对他说：年轻人，我理解你是出于好学，但是这样可不行。你不要像我有些徒弟，本来自己的嗓音条件挺好，偏偏要学我这个老头，把嗓子练哑了。我是自然嗓音①，你们每个人的条件不一样，要根据自己的条件来学习，不要走弯路。周信芳的这一番话，在黄遵宪听来是与尚导演的启发具有同样含义的，他说："这是专家的道理，他们都是叫我在喉咙里找好听、找人物，我虚心接受。从此我就继续按自己的嗓子练，也和音乐结合起来，和音乐说好话、交朋友，练时让人给托托嗓，最后，就形成了我自己的这个演唱风格。"

## 孙猴终于变成了孙安

《孙安动本》的整理改编过程对于黄遵宪来说，无疑是一段极其重要的经历，他自己概括为："孙安这个角色和我以前的角色不同，是既拼下做工，又拼下嗓音，又拼下刻画人物的，这个戏是我的成名之作。关键是在排这个戏的过程中我得到了锻炼。"这种锻炼显然是全方位的。

① 周信芳艺名麒麟童，他创建的麒派是京剧老生的重要流派，在唱腔上有变自身沙哑嗓音为苍劲浑厚音色的艺术特点。

演戏之中，他从一个人们印象中擅演猴戏的青年武生演员，锻炼成为舞台上潇洒大方的文官孙安，并且超越了柳子戏的传统流派或称“门头”，创造出一种全新的演唱方法和行当类型，继而无论在塑造人物的方法还是在唱、念、做、表的技艺方面，均实现了提升。演戏之外，则诚如他自己认识到的，是通过这一锻炼过程中尚导演等人的帮助，“不但在演戏方法上获得了力量，还在演戏精神上获得了力量。”

《孙安动本》的整理改编过程历时三年之久。剧组成立不久，郓城县工农剧社调省，于 1959 年 6 月在济南大众剧场正式宣布成立山东省柳子剧团，《孙安动本》随之成为山东省柳子剧团重点打造的剧目之一。在此期间，包括黄遵宪在内的来自郓城的剧组演职员们，仍吃在剧组、住在剧组，随剧组辗转各地，很少能有与家人团聚的机会。因而，《孙安动本》除了饱含着山东省有关领导、专家的辛劳外，还是一出渗透着柳子人汗水，承载着他们的牺牲，寄托着他们的梦想的剧作。最终，经过上下齐心的共同努力，这出柳子戏获得了极大成功，成为柳子戏剧种史上，乃至戏曲史上值得书写的重要一笔。

改编后的《孙安动本》剧情为：明代，万历幼年登基。太师张从独揽朝政，吞没赈粮，草菅人命。曹州知府孙安针对其恶行上本参奏，被张从扣下。张从为笼络孙安，反保举他进京任职。孙安于进京途中见饿殍遍野，又遇一民妇投河，身揣十八张控告张从的诉状，更坚定了他“动本”的决心。进京后，孙安上殿历数张从罪行，不料万历听信张从谗言，反责孙安四十大板，将其轰出朝堂。孙安不服，又在岳父黄义德家中发现当年群臣参奏张从未果的本章，于是激愤难忍，乃缚妻绑子，再上金殿动本，舆榇死谏。无奈幼主万历昏庸，偏信张从谗言，不仅再次驳回本章，还将孙安判斩。黄义德及三朝元老沈理保奏孙安未果，求助于定国公徐龙。最后，性情耿直的徐龙手持黑虎铜锤上殿，严谴万历，救下孙安，惩治了奸臣张从。该剧在打造过程中，赵剑秋、范季高、杨汉卿、尚之四、纪根垠先后参与改编剧本，尚之四担任导演。舞台剧中，由黄遵宪饰演孙安，李艳珍饰演孙妻，何东明饰演徐龙，崔明雨饰演张从，张兴成饰演黄义德，何芳善饰演沈理。在此期间，1959年山东人民出版社出版了《孙安动本》剧本单行本，1960年该剧被编入《中国地方戏曲集成·山东省卷》，1961年中国戏剧出版社还发行了该剧单行本。

《孙安动本》经历的第一次比较重要的改编是在1959年秋天，即上文提到的青岛之行。这次改编以理顺逻辑、梳理主线和解决旧本《徐龙打朝》中一些经不起推敲的常识性问题为主。改编后的剧本从塑造孙安的有勇有谋入手，加强了他为民请命的思想发展逻辑。包括增加了孙安路遇怀揣冤状、投河而死的民妇和他金殿受刑后的“问天”等情节；将孙安之妻被动上殿赴死，改为主动的“尽忠报国大义凛然”；还将徐龙的性格刻画得更加质朴豪爽。这些改动，使剧中人物性格发展既符合特定历史环境，又为其行为提供了充分依据。

该剧经历的第二次较大改编是在1959年11月。为筹备参加山东省柳子戏、两夹弦、柳腔联合演出团进行晋京汇报演出，山东省柳子剧团对《孙安动本》《张飞闯辕门》《玩会跳船》《黄桑店》《五台会兄》等几个剧目进行了进一步修改。其中对《孙安动本》的部分场次、情节进行了调整。比如将孙安路遇投河民妇，又于进京当晚在岳父家中发现许多以往参奏张从罪行的本章，并得知父亲是被张从所害的真相后开始参奏张从的情节，改为孙安在曹州任职时就曾参奏过张从，又因一再耳闻目睹其恶行，加强了再次“动本”的决心。这样，孙安对张从的参奏，就从旧本中的以报父仇而状告张从的主要动机，升华为彰显正义的为国除奸和为民请命，从而使孙安的形象更富有正义感。同时在表现上，通

电影《孙安动本》剧照。中为黄遵宪饰演的孙安

过孙安随着对张从恶行的递增式了解，而递增式地愈发坚定了“动本”决心的描写，又水到渠成地通过戏剧情节的推进，将孙安的人物性格递进到有勇有谋、有胆有识的层面。

对《孙安动本》第三次比较大的改编，是1962年拍摄电影时进行的。这一次，一是将孙安在进京途中所遇到的民妇含冤投河情节改为明场处理，使这一情节以具象化的展现，让观众感同身受到孙安在亲眼看见此情此景后内心的震撼，从而对表现孙安进一步坚定了铲除张从这一奸佞的决心有所加强。二是将孙安报父仇的一条线索删去，去除他个人复仇的成分，将其状告张从的“动本”之举，提升到完全的主持正义、为民请命的崇高思想境界。三是将前两次整改本中悬挂明洪武御影的情节去掉，弱化了君臣等级关系。此外，在人物刻画、语言润色方面还有很多精雕细琢之处。比如在拍摄开始之后，山东省委负责人曾派专人送来了一段唱词，将原来孙安说服妻儿后，挥笔修本时的唱词“手挥笔管山河动，心中怒火冲九天。毫锋抹尽三江水，天地冤仇起狂澜”进行润色，修改为“笔管一举山河动，正气长存日月悬。濡墨尽倾三江水，挥毫横扫五岳寒。为救万民出水火，赴汤蹈火挽狂澜。”使其更富有诗意和艺术性。而电影版的《孙安动本》剧本改编者还增加了朱剑，导演由钱千里担任。剧中徐龙改由张春雷饰演，李永秀饰演大太监，增加的民妇一角由宁宇饰演。

特别值得一提的是，《孙安动本》于 1959 年 11 月晋京期间，曾连续演出 17 场并博得各界一致好评。期间，党和国家领导人朱德等观看了该剧。文艺界知名人士周扬、田汉、马少波、左海（邓拓）、翁偶虹、梅兰芳、孟超等纷纷撰文，给予该剧很高评价。其中，有 1959 年 11 月 20 日发表于《北京晚报》的翁偶虹剧评《既粗狂而又细致——谈柳子戏〈孙安动本〉》；1959 年 11 月 22 日发表于《北京日报》的马少波评论《东海贝珠——记山东柳腔、两夹弦、柳子戏》；1959 年 11 月 29 日发表于《人民日报》的梅兰芳评论《东柳重青》；1959 年 11 月 28 日发表于《光明日报》的左海诗作《东柳吟 · 孙安动本》以及附在中国戏曲研究院选编的《戏曲选》（第六卷）《孙安动本》剧本之后的孟超评论《赞柳子戏〈孙安动本〉》等等。

翁偶虹在其撰写的《既粗狂而又细致——谈柳子戏〈孙安动本〉》一文中评论该剧孙安的表演：“不但在有声有色的歌唱和表演中，展示了他的磅礴正气；就是在‘此时无声胜有声’的场面里，也贯串地丰富了他的音容。例如‘动本’一场，不只‘手挥笔管山河动，心中怒火冲九天，毫锋抹尽三江水，天地冤仇起狂澜’，[①] 几段‘赞’子，唱得慷慨

① 本段唱词于 1962 年拍摄电影时被进一步润色修改，此处为修改前的唱词。

激昂；通过他独生子的夺笔，妻子的跪阻，老仆孙宝奉命买棺的怀疑，反映在孙安身上，只是几个矫劲的身段和锐利的眼神，这就表示了他的刚强意志，作了有力的回答。'上本'一场，他（孙安）披着白色官衣上了昏王的法绳，唱一只苍凉沉着的曲牌，陪衬着他那几个简净、大方的身段，如见古岳苍松、劲操令人生敬。"①

梅兰芳的《东柳重青》专门提到黄遵宪的表演道："扮演孙安的黄遵宪，是从武生基础上演老生的。能做能唱，很见功力。写本一场，当孙安看了岳父黄义德劝他明哲保身的一首【西江月】，和故意摆在书桌上的许多因参劾张从被害的官员的档案，层次分明、步步深入地刻画出孙安的思想斗争，这场戏长达一小时之久，但不觉得拖沓……"②

孟超的《赞柳子戏〈孙安动本〉》一文中也特别指出："黄遵宪演孙安，十分深刻地掌握了孙安的气质和性格，特别是在第六场中弹劾张从不成被责回家与妻儿的对话，锋刃愈磨愈利；紧接着发现父死的原因，民愤加上家仇，他更是'怒发冲冠高万丈，一盆烈火燃胸膛'，坚决抬棺上殿，再去奏本，下定了'万丈黄河只一跳，试试黄河有多深'的决心，演员是完全浸淫在人物里边，内心活动是曲折的，又是步步提高的，加上他激越的唱腔、沉稳的做工，这人物表现得入情入理而感人深切了。"③

此外，柳子戏《孙安动本》于1960年12月在上海演出期间，《新民晚报》12月18日发表了中原的剧评《忠奸激战、正义大伸——欣赏柳子戏〈孙安动本〉》，12月29日发表了傅骏的诗歌《看戏喜唱》；《解放日报》12月21日发表了龚义江的剧评《看山东柳子戏》，12月26

① 山东省柳子剧团、鲁信柳子剧团编：《柳子戏史料汇编》，中国广播电视出版社2003年版，第267页。

② 同上书，第270页。

③ 中国戏曲研究院编：《戏曲选》（六），中国戏剧出版社1963年版，第230—231页。

梅兰芳观看完《孙安动本》演出后与演员会面。左为梅兰芳（1959 年）

日发表了刘德重的剧评《也谈〈孙安动本〉》；《文汇报》12 月 29 日发表了唐真的剧评《杂谈孙安与徐龙——看山东柳子戏〈孙安动本〉》等等，纷纷对柳子戏《孙安动本》进行了褒赞，其中不少评论还特别对剧中孙安的人物形象塑造予以了充分肯定。

由于《孙安动本》一直处于不断的润色、修改和提高过程中，改动的地方多数又集中在孙安这一人物身上，所以黄遵宪作为演员的一大优势——记词快，便很快显示出来。回忆起当年情景，黄遵宪笑言，这一点也是他在塑造孙安形象的过程中锻炼出来的。他说："那个时候改词很频繁，今天这一段学会了，明天可能就不要这一段了，又添了一段新词。在这个过程中就是你怎么改，我就怎么学、怎么演，反正没因为学不会新词耽误排戏。尚导演虽然脾气不太好，但是很欣赏我这一点，说黄遵宪脑子很厉害。”

尚之四导演的夸奖显然是发自肺腑的，这是因为“脑子很厉害”的黄遵宪不仅从来没有耽误过剧组的进度，甚至有一次还救了尚导演的场。这件事，要从《孙安动本》经历的第一次大改编说起。

正如前文所说，《孙安动本》的第一次大改编，是属于大整理式的。其中为了将孙安这一人物形象塑造得更正面、更立体也更完美，剧组根据听取到的意见，在剧中孙安于岳父家书房发现大量参奏张从罪行的旧本章后，孙妻携子进入书房的一段戏中，增加了孙安在下定决心，绑缚全家上殿，以死参奏张从的情境下，遥望家乡，辞别老母的一段道白。当时尚之四导演虽然将需要改动的地方已在自己的记录本上逐一做了记录，但由于整出戏改动的细节非常多，所以他在导戏时不小心遗漏了这几句新添的道白，戏也就这样演了几场。等到一个多月后《孙安动本》随山东省柳子戏、两夹弦、柳腔联合演出团晋京演出时，才发现出了问题。

就在《孙安动本》即将为中央领导、文艺界专家和首都观众作汇报演出的当天上午，按照惯例要先走一遍台。由于晚上的演出非常重要，山东省文化局的领导陈敬之和由履新便亲自到场全程观看这次走台。黄遵宪记得走戏中间，当时主抓这出戏的陈敬之局长问尚之四：“老尚啊老尚啊，怎么没有那一段呢？就是孙安说自己受母亲教育的那一段啊。”尚之四一听，立刻紧张起来，自言自语道：“我记到本子上了啊……”此时，距离晚上的重要演出仅有半天时间，一贯“说话不好听”的尚之四，也只能低声下气地求助于台上的“孙安”。

提起这一段，黄遵宪笑呵呵地回忆道：“尚导演在排戏期间对我要求很严格，很少向我说好话，基本是凶我、呲达我，这一回他‘孬’了，直叫我老黄老黄。我一看他这是咋着了，不是平时对我那个态度了，还觉得有点别扭。他就和我说：呵呵，你学词挺快——听了这话我也很得意。哈哈，他没表扬过我——他接着说，有一段词需要加上，你得马上加上。我说不敢保险了，今天晚上就上中南海演出了，朱老总他们要来看，这了得吗。尚导演说：是是是。说着就把他的小笔记本拿了出来，把上面记的那段词给我看。还一再说，这词是现成的，就是你自己的词，就加上吧。"说着，尚之四开始给黄遵宪说戏。这几句词是加在孙妻的一段唱段之后的，唱词内容是孙妻劝孙安对看起来没有什么希望的"动本"要三思，免得虽然尽了忠，但一旦被治罪后因无人奉养老母，反倒会让自己落下不孝的名声。加的这几句词则是孙安回应孙妻这段劝告的道白，也是他心理活动的外化，是表现孙安怎么看待尽忠和尽孝的。在1962年由上海海燕电影制片厂拍摄的戏曲电影《孙安动本》中，这段戏是这样的：孙妻唱完自己唱段的最后一句"不孝名你怎承担！"孙安接唱："一席话说得我心慌意乱，望原郡年迈娘珠泪不干。（夹白）娘啊，孩儿幼承母训，全忠即是全孝。为了大明江山，为了黎民百姓，恕孩儿不能责养了！（接唱）望空中双膝跪地叩拜，这一拜权算儿奉养百年！"曾被尚之四忘掉的那几句词，就是孙安四句唱词中间的几句夹白。

这几句夹白虽然只有几十个字，少了并不会影响剧情，观众也不会感觉到别扭，但是却对孙安所受到的良好家庭教育给出了交代，同时又将孙安一门忠良的正义感作出了提升。当时黄遵宪一看加的没几个字，就爽快地答应了。可实际上，要在节奏已经很紧凑并且演员已经很熟悉的一段连贯的四句唱中间，突然作出"煞死"乐器夹白的调整，在现场演唱中谈何容易，更何况当天晚上的演出还有朱德等党和国家领导人以及不少知名专家要来观看。所以剩下的半天时间里，做字幕幻灯片的在临时赶着写片子，黄遵宪则要不停地熟词和调整自己的唱、念节奏，一直到上台前，他还一边化着妆，一边和打幻灯的同事又核对了一遍词，以确保不出纰漏。回想起来，黄遵宪说："我那时候也不知道紧张，就是觉得给我背词的时间太短。像哪个地方要是弄错了或者说不下去了该怎么办啊，这些都没想。就想着坚决背下来，根本没想出错了有什么后果，还没有文化局的领导和尚导演他们紧张呢。最后终于顺利地完成了演出，而且一个字没错。想想在过去演出过程中也有过念错字的时候，也有掉句的时候，这一回还真没有。"

演出结束后，大家心里的一块石头都落了地，这毕竟是《孙安动本》第一次晋京演出，更是山东柳子戏第一次晋京、第一次进中南海演出。尚之四表面没说什么，但背后却对人说：黄遵宪这个小孩，脑子挺聪明，学词挺快，还真行！

## 一份履历表

参加演出的剧目：

**1950 年初—1958 年底**

传统剧目——

《来迟》：潘必正（小生）

《霄霆庙》（又作《御碑亭》）：柳盛春（小生）

《游西湖》：高侠（小生）

《斩李钦》：李钦（小生）

《对金抓》：马岱（武生）

《打督邮》：刘备（老生）

《打登州》：罗成（武生）、徐茂公（老生）、秦琼（红脸）

《三（英）战吕布》：刘备（老生）

《（武松）打店》：武松（武生）、孙二娘（泼武旦）

《三盗芭蕉扇》(又作《火焰山》): 孙悟空(武生)

《白云洞》: 孙悟空(武生)

《葵花潭》: 孙悟空(武生)

《高老庄》: 孙悟空(武生)

《狮子洞》: 孙悟空(武生)

《十五贯》: 过于执(老外)

《五姑娘》: 武举(花脸)

《三县并审》: 武举(花脸)

《燕青打擂》: 刘唐(花脸)

现代戏——

《父子争先》: 儿子(现代青年小伙)

《中秋之夜》: 林士凡(现代青壮年小伙)

《刘介梅》: 刘介梅(现代青壮年小伙)

《扫帚星》: 儿子(现代青壮年小伙)

《除四害》: 麻雀(武功朵角儿)

《十二连洼》: 村支书(壮年村民)

**1959 年初—20 世纪六七十年代中期**

传统剧目、古装戏——

《孙安动本》: 孙安(老生)

《抱妆盒》: 宋王(老生)

《张飞闯辕门》: 赵云(武生)

《审吉平》: 吉平(老生)

《两架山》: 郑奉(老生)

《假婿乘龙》: 李钟钦(老生)

《百花亭》: 李太白(老生)

《打登州》：徐茂公（老生）、秦琼（红净）、罗成（武生）

现代戏——

《杨立贝》：杨立贝（壮年村民）

《万松青》：亮眼哥（壮年村支书）

《南海长城》：区英才（壮年村民）

《江姐》：沈养斋（反派军官）

《三回船》：张凤祥（老农）

**（1970年起）**

现代戏——

《龙江颂》：阿坚伯（老年村民）

《南海长城》：赤卫伯（老年村民）

《沙家浜》：胡传魁（反派）

《白毛女》：赵大叔（村民）

《杜鹃山》：雷刚（壮年村民）

《红歌嘹亮》：军长（壮年人）

古装戏——

《十五贯》：况钟（老生）

《金箭媒》：宋王（老生）

《花木兰》：花弧（老外）

**1979年初—1985年**

《孙安动本》：孙安（老生）

《王昭君》：呼韩邪单于（番邦首脑）

《琵琶遗恨》：牛丞相（老生）

《卧龙求凤》：黄承彦（老生）

《狱卒平冤》：杨炜（老外）

《抱妆盒》：宋王（老生）

《十五贯》：况钟（老生）

《江姐》：沈养斋（反派军官）

1985—1989 年

《徐龙铡子》：孙安（老生）

**参加拍摄、录像、录音的角色：**

孙安、牛丞相、张凤祥、常大力、萧文勤、刘备。

**在郓城导演过的剧目：**

《捉妖记》《金鳞记》《恩仇记》《三县并审》《五姑娘》《天上不如人间》《除四害》《中秋之夜》《刘介梅》等。

**导演的其他剧目：**

《游西湖》《审吉平》《抱妆盒》《红领巾》《三回船》《恩仇记》《杨立贝》《万松青》《南海长城》《丰收之后》《御碑亭》。

以上是黄遵宪自己记录的一份从艺履历，从中我们可以看出，他确实是一位柳子戏艺术的多面手。在表演方面，他塑造了风采各异的舞台形象，早期的包括《来迟》中的潘必正、《霄霆庙》中的柳盛春等小生角色；《打登州》中的罗成、《打店》中的武松等武生角色；《打督邮》和《三英战吕布》中的刘备等老生角色；《三县并审》中的武举、《燕青打擂》中的刘唐等花脸角色。甚至还出演过《打店》中孙二娘这样的泼武旦角色，更不用说演出过的《三盗芭蕉扇》《白云洞》《葵花潭》《高老庄》《狮子洞》等一批猴戏。后来他出演的古装角色虽然以《孙安动本》中的孙安、《抱妆盒》中的宋王、《百花亭》中的李太白等老生角色为主，但人物性格亦千人千面、绝不雷同。此外，黄遵宪还有着极宽的现代戏戏路，从《父子争先》中的青年，到《杨立贝》中的壮年，再到

《三回船》中的老年现代男子，均能轻松驾驭。而像《江姐》中的沈养斋、《沙家浜》中的胡传魁等反派角色，也能信手拈来。这份履历还显示出黄遵宪在塑造了众多舞台艺术形象同时，又是一位执导过多出柳子戏剧目的导演。他的导演生涯自郓城县工农剧社起始一直延续到山东省柳子剧团，而由于工农剧社是1959年黄遵宪27岁时调到济南成立省团的，因此他在郓城导演《捉妖记》《金鳞记》《恩仇记》《三县并审》《五姑娘》等剧目时，年龄尚不满27岁。

《抱妆盒》剧照。前排从左至右：李永秀饰演陈琳、黄遵宪饰演宋王、宁宇饰演刘妃（1964年）

从这份履历中还不难看出，以“1959年初—20世纪六七十年代中期”这一划分时段为界限，黄遵宪的角色行当从之前的武生、小生甚至花脸，开始正式转向老生。这与他通过饰演孙安，成功地完成了行当转型显然有着直接关系。而这种转型，无论对于黄遵宪个人还是柳子戏剧种来说，更为确切地表达都应该是开拓、创新和革命。对此，于学剑撰

《打登州》剧照。黄遵宪饰演秦琼（1985 年）

写的《一身忠烈气——黄遵宪〈孙安动本〉孙安形象》一文评论道：

黄遵宪因演出孙安形象而名扬剧坛，他塑造孙安形象的成功，不仅为戏曲舞台上增添了一个生动的人物形象，而且在柳子戏表演史上，开启了以细腻清晰的夹本嗓主演挂须老生角色的先例。

——因为在柳子戏过去惯例中，是“红脸”一行，在班社中挑大梁，担任重要角色。“红脸”包括勾脸的和俊扮的。而“红脸”行当的演员，主要演勾脸的角色，如《打登州》的秦琼（京剧秦琼是俊扮，柳子戏则勾红脸），《脱狱卒》《挂龙灯》的赵匡胤，《斩貂蝉》《单刀会》的关羽，《莲帕记》的曹恩，《大河北》的石敬思等（转引纪根垠《柳子戏简史》212 页）。而兼演俊扮的文老生，由于主唱“红脸”的演员，其嗓音多是较粗壮，沙音较多，因此，在他们兼演俊扮的文老生时，如《孙安动本》的孙安，《打棍出箱》的范仲禹，《荐诸葛》的徐庶等角色，也是用粗沙的嗓音演唱。自黄遵宪用细腻清晰的夹本嗓主演挂胡俊扮老生之后，柳子戏的俊扮老生，就从表演上开始扭转了过去用粗沙嗓音来兼演这类老生的情况，典型的就是孙安这一人物，后来演员都用清晰的嗓音来唱的。

黄遵宪的孙安表演，实际上是柳子戏行当表演的一次变革。他为用清音主唱老生，起了奠基创始的作用。

《江姐》剧照。左为宁宇饰演的江姐、右为黄遵宪饰演的沈养斋

柳子戏老生——俊扮老生，从此可以名正言顺地用清音来演唱，这是顺乎观众审美需求的。黄遵宪这一历史功绩不可抹杀。①

最后，他在文中给予黄遵宪塑造的孙安极高的评价：“我认为，孙安的嗓音变化，及由此必然带来的表演气质变化（相对工整），这是一场潜移默化的行当革命，是表演观念的革命。它的意义不限于‘红脸’这一行当，它对于黑脸角色面对当今观众是否还像过去那样炸音轰轰，也有启迪作用。”②

在此之所以原文引用这段文字，是因为黄遵宪本人对这段评论颇为

① 于学剑：《表演艺术评论》，中国文联出版社2000年版，第328—329页。
② 同上。

认可。对文中涉及的传统柳子戏中的俊扮文老生（即不勾脸的净面老生）为何一直由红脸担纲，黄遵宪给出了如下解答："柳子戏角色中过去像孙安这样的净面老生，就是挂胡的文生很少，柳子戏也叫帮生。这个帮生的年龄基本就在三四十岁，比如孙安是32岁。帮生大多数属于出场不多、戏词也不多，就是唱上一两个曲的不太重要的角色，基本上没有能大腔大韵唱，从头到尾一个人演的大角色，尽是戏里配套的，不是主角。所以年轻点的小青年有小生行当演，谁演年龄大一点的帮生呢？就是张春雷这类的大红脸。虽然红脸的嗓子不太适合帮生，也就是净面老生，但是因为演员响，观众也就认可了，就这么延续下来了。"与此同时，黄遵宪还对于学剑的相关评论，发表了自己的看法，他说："我呢，不是红脸这一行的，最后孙安这个角色成了我黄遵宪的角色，唱的是黄遵宪的唱法。出来一个什么呢，就是类似京剧老生的一个行当，给柳子戏添了这样一个行当，是从孙安开始的。当然如果像过去那样让红脸演孙安也是算数的，但就没有于学剑这种评论了，他觉得黄遵宪演的孙安跟这个角色的年龄、身份很符合，是柳子戏行当的革命。我很赞同他的这个说法，也希望想了解我的人能看看这段评论。"

# 四、戏人之合

不可否认，正是孙安这一角色转变了黄遵宪的戏运，使他从一个虽然多面却并非主演的演员，成长为具有个人艺术风格的柳子戏名家。同时黄遵宪的成长足迹，还充分验证了机会永远是留给那些有准备的人这一真理——正是他个人的基础和积累，吸引或者等待着“孙安”这样一个机会的到来。因此我们不妨这样认为，既是《孙安动本》剧中的孙安成就了今天的黄遵宪，也是黄遵宪成就了柳子戏中这个具有开拓意义的孙安形象。

拍摄成电影的柳子戏《孙安动本》，为我们留下了青年时代的黄遵宪塑造的孙安艺术形象。虽然在拍摄之前，这出戏已经过无数遍的打磨，但这，毕竟是黄遵宪从武生、小生行当转变为“大生”的第一次。影像中的孙安有着官员的大气、文生的儒雅，举手投足间又不乏武生功架所赋予这一人物的潇洒。扮演者给人的感觉，可能是文武老生出身，但嗓音显现出的真假嗓结合演唱方法，又似乎应该介于老生和小生行当之间，因而总体上让人觉得，扮演者似乎有着一种兼具综合技能的大演员气质，而完全令人意想不到的是，其实在孙安之前，这位演员并没有出演过多少大的角色，至多，也只是以猴戏见长。此外，剧中三十岁出头的孙安，被他的强大对手——奸臣张从，一口一个“娃娃”地不乏蔑视着，这又与拍摄电影时刚满30岁还略显稚嫩的孙安扮演者黄遵宪，在形象上极是相符。由此令人难以想象，假如按照柳子戏的老传统，出来一个操着红脸嗓的沧桑孙安，张从口中的“娃娃”，又当如何喊出。

感谢当年拍摄的戏曲电影《孙安动本》，为我们忠实记录下了黄遵宪艺术人生中的重大转折点和他最为闪亮的一个角色。在此之余我们也深深感受到，正是因为在对的时间遇到了对的角色，才有了黄遵宪与孙安的相辅相成；也正是通过孙安，黄遵宪与柳子戏的情缘才会向着人戏合一的境界逐渐升华。

## “演了一辈子傻戏，傻演了一辈子戏”

黄遵宪常说自己：“演了一辈子傻戏，傻演了一辈子戏。”问他：“那戏怎么叫傻戏呢？”马上答道：“孙安他不就是个傻子嘛。”确实，通过戏曲电影《孙安动本》，我们看到了孙安这一人物身上的“傻气”。比如孙安在初次动本引起“圣怒”后，面对岳父黄义德劝他不要太过执拗的好意干脆地回答：“深受皇恩，怎好如此怕事？”直叫黄义德这位官场老宿无奈地感叹：“为官多年，还是这样执拗！”此时在黄义德看来，孙安的执拗已不单纯是性格问题，肯定还有官职低微之人非要做出蚂蚁撼大树之举的自不量力的十足傻气。又如孙安缚妻绑子上殿“动本”再次激起“圣怒”后，被及时赶来的定国公徐龙以“打朝”之举救下一段。孙安一回到金殿并没有先谢皇上赦免之恩，而是直愣愣地问道："臣的本呢？"当小皇上闪烁其词，回答说"千错万错王的错，我封你副都御使在朝中……"孙安却对自己的升迁毫不关心，再次以渴望而热切的眼神望着皇上，接着追问："万岁且慢，臣的三道本章……"直到小皇帝在徐龙黑虎铜锤的威慑下，弱弱地说出"三道本章件件准"之后，孙安才长舒一口气道："谢万岁！"接下来徐龙的一句"铜锤赐你除奸佞"，又让他受到了极大鼓舞，以"铜锤到了我的手，定把奸贼一扫平！"表现出誓与奸臣斗争到底的决心。这些细节处理，通过黄遵宪细腻地刻画，活灵活现地展现在观众眼前，不但充分突显出孙安执拗与耿直的性格特点，并且使人观后，不禁为孙安带着"傻气"的勇敢而喝彩。

说起电影《孙安动本》，黄遵宪坦言自己对于拍摄过程的"不习惯"。由于电影是分镜头拍摄，演员们必须要在各剧情段落之间进行切换，这对于习惯了现场演出的戏曲演员来说，显然无法保持剧中连贯的人物情绪，所以即便是演出过许多遍，已经很熟悉的角色，也需要一个重新学习的过程，绝不能掉以轻心。而在拍摄电影之前，黄遵宪还曾有过一次因为对孙安太过熟悉"挨凶"的经历。

黄遵宪记得，那是 1960 年《孙安动本》剧组在安徽合肥演出期间。有一天演出结束后，黄遵宪对自己刚才在舞台上的表演以及演唱都相当满意，心里很希望得到表扬，因此在卸妆后，他就转悠到导演尚之四和带队前来合肥的山东省文化局艺术处处长赵剑秋（也是《孙安动本》的编剧之一）跟前。黄遵宪给他二位倒上水，自己也在一旁坐下，并且下意识地面露得意之色。赵剑秋看了黄遵宪一眼，然后用他一贯的慢条斯理腔调说："嗯，你今天演得挺熟悉啊——"这头一句话，黄遵宪听着"挺是味"，觉得赵处长是夸自己今天演得好。接下来赵剑秋的第二句话是："你演那么熟干什么呢？"黄遵宪心想，反正说熟肯定是好话，也没多琢磨话里有什么含义，只是好像觉得表扬还不够，继续乐呵呵地坐在一旁。不料赵剑秋冒出的第三句话却是：“谁叫你演的那么熟来？”听了这话，黄遵宪真有点丈二和尚摸不着头脑——这叫什么问题呢，又该如何回答呢？正寻思着，赵剑秋的腔调忽然不那么好听起来，虽然还是不紧不慢，但明显是挖苦的口吻：“不要演这么熟嘛，这是干吗！看见你了，看见你黄遵宪表演了，也听见你唱了。那孙安上哪去了——”这一下，仿佛醍醐灌顶，让黄遵宪猛然醒悟道，“这是说你虽然演得怪熟，可观众要看的是谁，是你吗？当然不是，人家要看的是角色、是戏里的人物。”其言下之意，是说在舞台上，衡量一个演员演出是否成功的标准，并不是看他在现场的状态有多么熟练；词记得有多么准确；动作又是多么流畅，而是能通过演员的表演，让观众看到他所塑造的生动的剧中人物形象。赵剑秋的这番道理，虽以最简单的几句话道出，却是每一名演员都应该永远记住的真理。黄遵宪当时的感觉，是“慢慢听着，越来越不理解，也就越来越不能不注意听。可如果很直接地和我说这个道理，有可能就当耳旁风了。赵剑秋的那个口气、那种说话方式，就是叫你非听不行。我那时都已经演过不知多少场《孙安动本》了，熟是肯定的，可赵剑秋那么几句话不大好听的话，真是让我记忆深刻，叫我难受又叫我一辈子忘不了。所以从那时候起，我开始有了这样一个意识，就是自己的角色一辈子都得当生戏演。”

被黄遵宪称为“傻戏”的这一出《孙安动本》，足足陪伴了他几十年。在黄遵宪写于2013年9月的一篇回忆《孙安动本》的小文中，有这样一段话：“……此时此刻也想起了二位编剧和导演的话，尚之四说：‘你们的（他没说我导演的）《孙安动本》和进过京的其他剧目，都是我省的各级领导和专家（包括外地的领导和专家）费了很多心血才出来的一些好戏，你们要珍惜，要常演，和武器一样，要常打磨，不要使其生锈，不但使其好看，还要好用；一个好的剧目，要和观众结为朋友，在舞台上常常会面，常见能面熟，常听能耳熟，不然，会越来越生疏。这是宣传剧目和剧种的最好方式。’赵剑秋告诉演员说：一个演员对自己的角色，如果演得太滑溜、太‘熟练’的样子给人看，不值钱，不耐看，因为他失去了人物的内在感情；味同嚼蜡的表演习惯要不得。作为演员，把所担任的一切角色，都能当作‘生戏’，这样才有可能成为一个较好的演员。这是他们二位离开柳子剧团多年后又告诫我们的亲切话语，这是我们一直没忘的谆谆嘱咐。”文中提到的“赵剑秋告诉演员说”的那段话，正是由上文中黄遵宪“挨凶”的那件事而起。

在“演了一辈子傻戏”的黄遵宪心中，《孙安动本》这出“傻戏”承载了无数回忆。这些回忆中有许多是美好和值得回味的，它们或者促成了他事业上的进步，或者赋予他思想上的启发，又或者赋予他精神上的力量。但也有一些回忆，则充满了心酸和憋屈，用他自己的话说，是“醋心”。

黄遵宪说，自己曾经有一段时间几乎不愿谈起《孙安动本》，但是现在他想说。“有些事就算别人不知道我心里也憋得慌，就是不说出来，又能带走吗？”那些令他“醋心”的记忆，同样是柳子戏的一段“醋心”记忆，在《柳子戏简史》一书中，这段历史被记录如下。

“文化大革命”初期，在林彪、“四人帮”炮制的“文艺黑线专政论”和“四人帮”炮制的《评新编历史剧〈海瑞罢官〉》的影响下，在全国各地掀起了一股批判“清官戏”、围剿“海瑞”的逆风，柳子戏《孙安动本》当然首当其冲，也被扣上了“借古讽今”“影射现实”“攻击党的总路线、大跃进、人民公社”“煽动牛鬼蛇神向党猖狂进攻”等罪名，于1966年6

月15日，在《大众日报》上发表《彻底铲除〈孙安动本〉这株大毒草》一文，公开点名批判。认为“它和《海瑞罢官》《海瑞上疏》一样，都是借所谓‘清官戏’竭力美化封建统治阶级，大肆宣扬修正主义的反动的阶级调和论，反对无产阶级斗争学说，麻痹群众革命意志”等等。口诛笔伐，相继而来。终于将这个曾受到各级领导大力支持、获得各界好评的剧本，打成“反党反社会主义”“篡党夺权复辟资本主义”的大毒草。

参加剧本加工整理的赵剑秋、尚之四、范季高、张斌、朱剑、纪根垠、杨汉卿等，都受到株连，被定为“赵家黑帮”，遭到了精神上和肉体上的折磨和摧残。范季高、张斌同志竟含冤死去。①

文中提到的两位逝者范季高和张斌，都是《孙安动本》的主创人员。范季高1952年参加山东省文化局的戏曲审定组，1959年前后一度被抽调到省柳子剧团工作，后相继在山东省鲁剧研究院和省戏曲研究室工作。他与山东省文化局艺术处处长赵剑秋，省戏曲研究室的尚之四、纪根垠、朱剑以及济宁地区戏研室的杨汉卿一起，共同参加了《孙安动本》的剧本整理改编工作，此外，他还整理改编过《张飞闯辕门》和《玩会跳船》（与纪根垠合作）等柳子戏传统剧目及其他一些山东地方戏曲剧种的剧目，为发展新中国山东戏曲事业作出过重要贡献。张斌先后在山东省吕剧团和省戏曲研究室从事戏曲音乐工作，曾为吕剧《李二嫂改嫁》《井台会》等编创音乐唱腔。在柳子戏《孙安动本》拍摄成戏曲电影期间任音乐指导，对柳子戏的音乐唱腔有所改革和创新。

① 纪根垠：《柳子戏简史》，中国戏剧出版社1988年版，第236—237页。

对于那段日子，黄遵宪记忆犹新。他记得，《孙安动本》从晋京演出之后，就几乎一直在全国各地进行巡回演出，“也可以说全国兴戏曲的地方，除了云南、贵州没去，基本上都去了。这是正面宣传，让这个戏在全国很红。再加上其他剧种移植演出，又扩大了影响。这样过了一阵，好像是从西安回来就不大演出了，反正不像之前那样一直演。后来差不多是从 1964 年，基本全国所有的古装戏都不演了，我们又演了一阵子现代戏，包括《三回船》《万松青》这些。就是说从 1964 年以后的两年时间里吧，就排现代戏，包括新编的和移植的戏。但是《三回船》之后接着就到‘文化大革命’了，开始批判《海瑞罢官》，又从老戏当中找有问题的戏批判，找出了《孙安动本》。那时候这个戏已经有几年不演出了，又拿出来批，这一批就成了反面宣传。因为它拍了电影，那时拿过电影来放，叫我们去看。就是让你坐在那里，看着你演的戏，然后告诉你这个戏是怎么‘反党反社会主义’的。其中有一条是因为《孙安动本》是清官戏。那时候清官戏都不行，连演包公戏也不行，说旧社会的官没有一个是清官。《孙安动本》也就是正面宣传过后又成了反面典型，所以知道的人特别多。”

这期间，除了对剧目的大肆批判和包括黄遵宪在内的几位主演遭受冷遇之外，最令黄遵宪痛心的，是许多参加这个戏创作的专家挨批挨斗，有的甚至逝去。同时，他还心疼那些曾经陪伴他无数场演出的道具和服装也纷纷被销毁，而其中有一件为孙安特制的白色官衣，竟然就是在他眼前被大火一点点吞噬殆尽的。这件白色官衣，正是翁偶虹剧评中提到的，孙安在“上本”一场身披的白色官衣。它是几位戏曲专家根据《孙安动本》的剧情，研究谈论后特别设计定制的，是“包括全国的各个戏曲剧种没谁有过，就是我们山东独创的”。这件像孝服一样的官衣，不但突出了人物形象，表现出孙安为国尽忠的决心，还以服装设计上的突破与创新，恰到好处地为塑造人物服务，因此对于《孙安动本》是有着特殊意义的。谈到当时的场景，黄遵宪不无动情地说："那件官衣是拿根杆子挑起来烧掉的。还有人架着你，薅着你，拉着你'孙安'看，也就是含着泪看啊……"

《孙安动本》是黄遵宪抹不去的记忆，是他心底的酸甜苦辣、百味杂陈。他感慨于"那时候多少领导、多少专家对这个戏的重视"；他经历过大家以集体智慧，群策群力对这个戏的付出。更重要的，是他与一根筋、倔脾气的"傻瓜"孙安曾经融为一体、荣辱与共……直到今天，他仍然挂念着孙安，心心念念着这一出他"唱了一辈子的傻戏"。事实上，即便我们无法感同身受黄遵宪对这出戏的情感，只是从一个现代观众的角度，仅以留有影像的戏曲电影作为评论对象，这出《孙安动本》，也足以担得起柳子戏经典剧目的称号。

最初的《孙安动本》之所以红遍全国，自然是它的思想性站在了前面，之后它的命运——无论是"文革"中被定性为"毒草"，还是平反后的再度走红，其实依然因剧目的内容与主题而起。剧中那个性格耿直、不畏强权，敢于豁上全家性命为民请命的地方官员孙安，放在任何一个时代都是能给百姓带来福祉的值得颂扬的人物。而若以今天的眼光来看，该剧所包含的惩戒贪官、反腐倡廉内容，则有着鲜明的现实价值和时代意义。然而更为可贵的是，倘若将柳子戏《孙安动本》的艺术性前置，它仍然是一出经得起时间考验的好戏。它不但会讲故事，而且无论从故事结构到戏剧节奏再到人物关系，乃至音乐唱腔和演员表演，都具有一出民族化的好戏的品相。

1979年1月，《孙安动本》得以平反昭雪。正如1月23日发表于《大众日报》第二版的山东省文化局评论组文章《推到强加给〈孙安动本〉的诬蔑不实之词》中所说："对待一个传统的历史剧目，要根据剧本所反映的主题思想、历史条件及其塑造的特定人物去进行历史的全面的客观的分析。”“一出戏，是香花，还是毒草，只有人民群众才是真正的裁判者。柳子戏《孙安动本》的平反又一次证明了这一真理。禁锢了多年的《孙安动本》将迅速恢复上演，重新开放在社会主义文艺的百花园中。这对我们文艺工作者是个很大的鼓舞。”

当年春节，山东省柳子剧团在山东剧院恢复上演了《孙安动本》，演出阵容仍是当年舞台演出的原班人马：黄遵宪饰演孙安、李艳珍饰演孙妻、崔明雨饰演张从、何芳善饰演沈理……黄遵宪说，那场演出“比批以前还响，很多人都来看。《孙安动本》就又在全国开了锅，有好多剧团移植演出。”此时，电影中那个意气风发的青年孙安，虽已届中年，但是却“比过去演得还有劲”，这股劲头，又一路伴随着黄遵宪，将柳子戏《孙安动本》传承到今天。

## 并非只有“孙安”

从前文展示的那份履历表看来，黄遵宪在其演员生涯中扮演过古代的、现代的；年轻的、年长的；正面的、反派的诸多形象各异、性格迥然的人物，只是因为他主演的《孙安动本》过于突出，他塑造的孙安形象又过于炫目，所以常可能使人忽略其他。在“孙安”之前，他是郓城县工农剧社传统戏中的武生、小生和现代戏中的青壮年男子，最重的角色，是能够发挥他武功技艺的“西游”剧目里的孙悟空。在“孙安”之后，他则以自己开拓出的柳子戏老生行当驰骋舞台，戏路更宽而演技更精。

1964 年前后，在现代戏占据戏曲舞台江山的形势下，山东省柳子剧团和全国各地的艺术演出团体，共同开始了现代戏创作演出的热潮。

这期间，山东省柳子剧团的《三回船》于1965年晋京在国务院小礼堂演出，主要演职员受到了周恩来总理和陈毅副总理的接见。

《三回船》剧照。左为黄遵宪饰演的张凤祥，右为李艳珍饰演的王秀花

《三回船》是一出载歌载舞的小喜剧，由胡沁创作于1964年，泰安地区山东梆子剧团首演。同年11月，该剧参加了山东省地方戏曲革命现代戏观摩演出，之后山东省柳子剧团进行了移植演出。《三回船》的剧本曾刊载于《山东文艺》1964年12月号和1965年1月23日的《人民日报》，1965年由山东人民出版社出版剧本单行本，1979年被收入《山东三十年戏剧选》，是这一时期比较重要的一出山东小戏。

《三回船》晋京演出的情况，可见发表于1965年12月4日《北京晚报》的相关报道。在此，部分摘录如下。

歌颂新人新事新风貌的三出小喜剧

**《两垅地》《三回船》《送猪记》今天起公演**

**【本报讯】**柳子戏《三回船》、莱芜梆子《送猪记》和吕剧《两垅地》，从今晚起，在长安大戏院公演。

这三出小戏情节简单、人物不多，但演得活泼明快，风趣盎然，生活气息浓厚。它们共同的特点是采用喜剧形式，从生活的不同侧面，反映了农村的新人新事新风貌，热情地歌颂了先进人物的高贵品质，同时提出了发人深思的问题。

## 人小心红风格高

山东省柳子剧团演出的《三回船》，全剧只有两个人物：小姑娘王秀花，为了盖新房到窑厂买瓦，兴高采烈地撑船回家，船行湖中遇上了菱角大队的老保管张凤祥。当小姑娘知道老汉为生产队里盖仓房急需买瓦但没买到时，就毅然把自己买的600块新瓦让给老汉。因船小先只装了一半，于是二人调转船头回窑厂去取那一半。

在途中，一老一少拉起家常，秀花听说菱角大队的张路江贩卖红瓦从中取利，就问老汉认识这个人吗？偏巧老汉曾锔过盆碗而得名张炉匠，回答说："这个人不是别人，……远在天边"，15岁的秀花一听就气得坚决不让瓦了，拨转船头，划桨过去。不巧，风浪大作，船陷浅滩，张老汉下水帮她推船出泥滩。秀花觉得老汉为人正直，不像投机骗瓦的人，便机智地借鱼鹰来试探老汉，进一步弄清了真相，又决定把瓦让给了张老汉。三回船，同去窑厂取瓦。这瓦让得好，显示出高尚风格，正如老汉表扬小姑娘："助人为乐风格高，人小心红不平常"。这个小戏载歌载舞，优美豪放，风趣横生。[1]

① 山东省柳子剧团、鲁信柳子剧团编：《柳子戏史料汇编》，中国广播电视出版社2003年版，第297页。

剧中的小姑娘王秀花和老汉张凤祥，分别由曾在《孙安动本》中饰演孙妻和孙安的李艳珍和黄遵宪饰演。由于两位演员的唱、念、做、表各方面技艺均较为全面，又都是会演戏的好演员，所以把这出载歌载舞的小戏演得引人入胜，富有情趣，受到各级领导以及广大观众的普遍好评。这一出剧目，也由此成为两位主演的共同代表作之一。

1966 年“文化大革命”开始后，随着《孙安动本》一剧的命运陷入低谷，作为该剧主演的黄遵宪、李艳珍等人也共同遭受到冷遇，甚至一度被剥夺了登台演出的机会，这对于无比热爱柳子戏艺术且常年没有离开过舞台的他们来说，实在是一种严重的心理惩罚。所幸，这段时间并没有维持多久。很快，学演样板戏的热潮席卷了全国文艺演出团体。为保证柳子剧团的演出能够正常进行，年富力强、业务优异的黄遵宪等人被重新启用。然而，此时的启用毕竟与之前的重用有着天壤之别。团里的女主演李艳珍虽然年龄、形象和业务水平都很适合，却因为出身不好就不能在柳子戏移植的《白毛女》中出演主角喜儿。而即便像黄遵宪这样出身没有什么问题的演员，因受《孙安动本》牵连，也要在监督下进行演出。这种一边用着人干事，一边还不予信任，将人置于受看管境地的状态，显然让人心里颇不是滋味。回忆起那一段，黄遵宪说：“就是演戏缺不了你，让你上台活动活动罢了。但是其他就没你什么事，不让你围边……心里肯定难受，可也没有办法。当时就觉得只要不冷起来，还叫你演戏也就很知足了。”

那段时间，黄遵宪随省柳子戏剧团经历了一度下放菏泽，又返回济南的过程。参加演出的剧目大多是移植的现代戏《龙江颂》《南海长城》《沙家浜》《白毛女》《杜鹃山》《红歌嘹亮》等，期间还因饰演移植样板戏《龙江颂》中的阿坚伯，于 1975 年随团晋京参加柳子戏《龙江颂》选场“闸上风云”的演出。在这些剧目中，他饰演的角色包括《杜鹃山》

中刚正而不乏鲁莽的雷刚、《沙家浜》中的反派胡传魁、《白毛女》中的村民赵大叔等，虽然人物性格各异，戏份也从比较重要的角色到大龙套不等，但黄遵宪都一视同仁，无论什么样的角色，他都会认认真真地准备，兢兢业业地演出。

《王昭君》剧照。左为黄遵宪饰演的呼韩邪单于，右为宁宇饰演的王昭君

《琵琶遗恨》剧照。黄遵宪饰演牛丞相

算起来，黄遵宪饰演的大大小小角色有将近一百个，从早期的传统剧目到稍后的现代戏，再到后来新编历史剧《王昭君》中的呼韩邪单于、《琵琶遗恨》中的牛丞相等等，年龄上涵盖老、中、青三代，人物身份和性格更是丰富多样。同时，他参加导演的剧目也有几十出，囊括了新编及移植现代小戏、传统戏及新编历史剧各种类型。作为演员，他因在古典悲剧《琵琶遗恨》中饰演牛丞相获得过山东省 1982 年戏剧演出月表演奖；作为导演，他因与孔繁奇共同执导《红领巾》一剧，获得过 1964 年山东省革命现代戏观摩演出大会的导演奖。今天的柳子戏名家黄遵宪，是他一步一个脚印走来的逐渐养成；他取得的成就，更是一点一滴扎扎实实的积累成果。面对过往的成功与荣耀，年逾八旬的黄遵宪却发出“看了一辈子戏没看透，学了一辈子戏没学透”的感慨，因此，

无论是对柳子戏还是舞台，抑或是每一出剧目的相关角色，黄遵宪都以孩童般的好奇心和孜孜不倦的勤奋，保持着对事业的坚守。而在他的戏缘人生中，他始终只是将自己定位于与舞台不能须臾分离的业务人员。这，又引出发生在黄遵宪身上的一个小故事。

黄遵宪曾经有过一段担任山东省柳子剧团副团长的经历。据他回忆，那段时间从上级主管部门到各个剧团都比较重视演员队伍建设，为此各剧团纷纷从本团的业务骨干或主演中选拔人员担任业务副团长，黄遵宪就是这批人中的一员。然而身为剧团的班子成员必须要应对方方面面的事务性工作，无法让黄遵宪专注于他脑子里只有的一件事情，就是怎么才能排几出好戏。所以在这个职务上只干了一年，他就提出了辞去领导干部职务的申请。当然，这并不表示黄遵宪不愿意为剧团服务，恰恰相反，他的理由总是围绕着剧团："就比如我正在安排业务或正排戏呢，接到通知开会啥的，哪能就马上停下来不干呢。"也正是看到他确实一门心思全在戏上，上级最终批准了他的申请，只让他担任团里的业务主任一职。聊到这里，黄遵宪说："或者你让我当（副团长）也行。我家庭也挺好，团里大家又没啥意见，各方面都挺好的。那就别叫我演戏了，光干好副团长这一样。"听到此处，不禁调侃他一句："要是真就让您当个专职副团长，不让演戏，您舍得吗？"他毫不犹豫地回答："我内心就是舍不得啊！哈哈，我也知道不会这样。后来有一个材料印着柳子剧团各个时期的领导，我还让他们把我的照片去掉。我是觉得，只要我弄的戏你不给我落下就行了。"

的确，一个剧团的副团长可以有许多任，可黄遵宪只有一个。从新中国成立前就活跃在柳子戏舞台，到新中国的第一代柳子戏演员，再到跨越了"文革"，跨越了改革开放初期，直到今天依然奉献身心传承柳子戏事业，黄遵宪的名字已经和柳子戏紧紧联系在一起有 70 年。如此

黄遵宪在公园练功（2015 年）

悠长的岁月，一个人只专心地干着同一件事情，这显然是一项了不起的修为，甚至不夸张地说，是当今社会的年轻人群体中几近“灭绝”的品质。属于黄遵宪的这一件事情——柳子戏，不仅是他一直坚守的事业，甚至还是他生活中的很大一部分。他说：“从睡眠的角度说，我这一生没睡过七八个小时那么长的觉。我每天都练拳，白天基本是去公园打打拳，晚上在家里也要练戏或者练拳，起码到 11 点多 12 点才睡。早上呢也就是 6 点来钟就起来吧，然后就看点书或者写点东西。戏曲方面的专业书我多得很。现在正看着一本专论‘包公戏’的书，看来看去觉得我这个戏（指黄遵宪为省柳子戏剧团传承的传统剧目《包公错断严查散》）还真符合书上的那些观点……”而从另外一个角度看，黄遵宪对柳子戏的长情与专情，又何尝不是他性格中有点脾气和“一根筋”的表现，这似乎又和他创造的孙安在性格上有着那么一点合拍。同时也正是这一点脾气，使他在传承柳子戏的过程中显示出足够的担当与力量。

## 传承，需要担当和勇气

2006 年经国务院批准，柳子戏被列入第一批国家级非物质文化遗产名录，随后，黄遵宪和李艳珍于 2007 年被评为柳子戏国家级代表性传承人。其时，他们作为山东省内最具代表性的柳子戏表演艺术团体——省柳子戏剧团的老一辈艺术家，早已在对剧团青年演员的传、

被评选为非遗传承人的黄遵宪
（2007 年）

帮、带中，自觉履行剧种传承责任多年。

1992 年，年满 60 周岁的黄遵宪从剧团在职人员变为退休人员，但是从那时直到今天，他却从来没有远离过柳子戏，所不同的，只是从舞台表演转变为幕后传承。

说起传承柳子戏，黄遵宪有一肚子的话要说。首先，他认为在最具剧种特色的音乐和唱腔方面，柳子戏的曲种特别丰富，不仅数量上“光说就能说出几百支来”，而且曲调极为多样。对此，《柳子戏简史》一书的“引言”部分有着如下详细介绍。

柳子戏主要由俗曲和柳子两部分组成。俗曲部分比重较大，现存的二百多个传统剧目中，由俗曲联成的约占二分之一。俗曲曲牌委婉动听，能够表现细腻复杂的思想感情，有“九腔十八调，七十二哎哎”及“难哎哎”之称。一般分为越调、平调、下调、二八调。现存曲牌三百余支，其中【山坡羊】【锁南枝】【驻云飞】【黄莺儿】【耍孩儿】，惯称为“五大曲”。主奏乐器有三弦、竹笛、笙等。“柳子”也是民间流行的曲调，唱词由五字或七子句的上下句格式写成，已属板式变化体制。由于它的词句通俗，曲调易懂，影响较大，因而群众把这个剧种统称为“柳子戏”。唱柳子时，只用三弦和笙伴奏。

柳子戏在形成与发展的过程中，受其他声腔剧种的影响很大，直接承受了高腔、青阳、昆腔、乱弹、罗罗、皮黄的部分剧目及声腔。表演粗犷豪放，角色分工细致……①

同时黄遵宪还谈到，柳子戏的同一支曲牌其实又有着多种唱法，由不同的角色演唱可以表现出不同人物的思想，这显然就不能当作三百多支曲牌来看待。也就是说，虽然它的曲牌是固定的，有着各自使用的规定情境，但是由不同年龄、性别、身份和性格的人演唱时，都会发生符合人物的调整和变化，有时听起来甚至可以像一支全新的曲牌一样。这一点在柳子戏传统中非常重要，是它吸引人的原因之一。就像“过去的艺人有这种说法，说柳子戏很不好接近，很难懂。但是一旦喜欢上了，愿意听了，就真的能入进去，别想再拔出来，它就能跟吸大烟似的吸引人。”而目前，恰恰是因为对柳子戏曲牌的丰富性和多面性认识不足，没有将剧种的精髓充分展现出来，才无法达到让人“入进去”的目的。

确实，那些听过柳子戏老曲牌的人，几乎都会被其吸引。属于弦索声腔系统的柳子戏，本身就有一种煞是中听的古韵，同时，因与其曲调配套的唱词很少使用口语，又别有一番雅致的“文气”。即便是那些英雄豪杰戏，入馔的唱词也并不显粗糙和粗野。黄遵宪称其是“不土不肤浅，就是通俗易懂的唱词也不用那种完全家常土语对话的语法”。

其次，对于柳子戏剧目的传承，黄遵宪有着自己的见解。关于柳子戏传统剧目的客观情况，见于《柳子戏简史》的部分如下。

柳子戏在形成发展的过程中，博采众长，兼收并蓄，因

① 纪根垠：《柳子戏简史》，中国戏剧出版社 1988 年版，第 3—4 页。

而其传统剧目也具有诸腔并陈，绚丽多姿的特点。据老艺人刘仰田谈：柳子戏的班社过去上演的剧目，按每天演出三场统计，可以连演一月零三天不需重复。但是，由于流传年代较久，地域分散，后继无人，因而也失传不少。（二十世纪）五十年代，山东省戏曲工作组调查统计时，老艺人忆及的传统剧目有二百一十六出。

按声腔分类，俗曲一百一十六出（包括柳子七出，耍孩儿十五出），另有：【高腔】及【高腔娃娃】十六出，【青阳腔】十一出，【昆腔】三出，【乱弹】二十七出，【罗罗】十出，皮黄腔三十三出。①

武生出身的黄遵宪从自己熟悉的剧目着眼特别指出，柳子戏剧目中有相当一部分"英雄戏"，他认为，这些剧目从内容上看是"出在民间，代表下层人民思想的"。在封建时代，"是很少给皇上抓痒痒的。像秦琼《打登州》一类的，尽这一类的戏。所以我说柳子戏太'傻'了"。而正是因为"傻"，柳子戏才成为具有很强民间性和民主性的、失于庙堂却活在民间的剧种。它的老戏中有很多是"我们自己的、现成的好东西。应该把它好好挖一挖，好好弄一弄，按照现在的思想和意识进行些改编，就能起到去粗取精的作用，还是会一样很火。但是现在没人做这个事，什么都非得要新的，我觉得这样不对。"

另外，在如何更好地传承柳子戏这个问题上，黄遵宪有着许多的思考和担忧。比如他认为，应该在征求传承人意见的基础上规划好传承目标。先要确定传承哪一出剧目，让传承有一个载体，然后包括人员、时

① 纪根垠：《柳子戏简史》，中国戏剧出版社 1988 年版，第 130 页。

间、地点以及工作中的种种环节，都应该有一个具体的工作计划——这样的考虑，无疑与黄遵宪曾经有过的导演经历有着极大关系。又比如他虽然承认“反正大伙儿表面上说我唱得还行，也觉得排个节目说说戏还行”，但是却很少有人来主动和他共同切磋、研究曲牌的唱功和唱法。至于想举一反三、深入学习的人更是少之又少。而面对自己年纪渐长以及周围一些同龄人因健康原因无力全心完成传承工作的现实，他也发出了无奈的感叹：“唉，现在就有这个说法，说是走一个带走一部分，这不就白白带走了嘛……”

不仅勤于思考，对于传承柳子戏的具体行动，黄遵宪更是身体力行。早在1992年，他就为山东省柳子剧团参加中国文化部艺术局举办的“天下第一团”优秀剧目展演复排过《张飞闯辕门》，为该剧在展演中获得优秀剧目奖立下一功。《张飞闯辕门》是一出柳子戏传统剧目。剧情为三国时刘备拜诸葛亮为相，张飞却自恃功高，屡犯军令。诸葛亮欲斩张飞，张飞怒闯辕门大闹而去。后因曹兵来攻，诸葛亮指挥有方，击溃曹兵，张飞终被其折服，领命迎战夏侯惇。这是一出演唱【高腔】的传统剧目，演唱时无丝竹伴奏，采用人声帮腔，在音乐演唱上极具特色。1959年经范季高执笔整理，将旧本中的《闯辕门》和《气走范阳》二折合并，成为一出重点刻画张飞人物性格和思想转变过程的做表戏，山东省柳子剧团进行了首演。由尚之四担任导演，张春雷和李永秀担任主演，分别饰演张飞和诸葛亮。黄遵宪在剧中饰演赵云。

《张飞闯辕门》剧照。
黄遵宪饰演赵云（1959年）

同年10月，毛泽东等党和国家领导人在济南交际处观看了柳子戏《张飞闯辕门》《玩会跳船》和两夹弦《三拉房》的演出。几十年后，黄遵宪作为该剧的复排导演，再次为这出曾给他留下美好记忆的老戏倾注了辛勤的汗水。

1992年7月23日的《齐鲁晚报》，发表了闫循华撰写的《他期待着新的辉煌——访柳子戏表演艺术家黄遵宪》。文中写道："我在'天下第一团'展演开幕式的后台看睽别已久的柳子戏，黄遵宪忙着调度演员、指挥伴唱，抽空还跟我聊几句。他眼里布满了血丝，说是累的，作为《张飞闯辕门》的导演，几个月的心血全花在了上面。他说在退休前还有机会为心爱的柳子戏出点力，真是幸事。"[①]而参加"天下第一团"演出的这次经历，还让黄遵宪生发出颇多感触。他说："'天下第一团'其实是指这个剧种就剩下这么一个剧团了，我觉得，这是文化部起了个好听但不很乐观的名字。人家没说你是天下第一，没说是第一名，就说是这一个团。其实这个'第一'是指最后一个团，反过来可能是很危险也很悲观的一个名字。你要自己不注意，傻乎乎地认为自己是天下第一可就坏了。应该很快把这个'第一团'的名字去掉才好。"

如今，对于"天下第一团"的看法有越来越多的人已趋向理智，大家充分认识到，只有想方设法让同一剧种拥有更多的剧团，让更多人从事同一份事业，才能使这个剧种保持生命的活力。然而最初，这顶"天下第一"的帽子确实曾使部分不善思考的人一度飘飘然。当年，它在一定程度上相当于如今的"非物质文化遗产"，是既能够当作光环炫耀又能够获得各级财政补贴，甚至可以获得即时利益的筹码。因此对于这个称号所包含的"天下唯一"的濒危实质，一些人会采取视而不见的态度。

① 山东省柳子剧团、鲁信柳子剧团编：《柳子戏史料汇编》，中国广播电视出版社2003年版，第461页。

而黄遵宪作为对这个“第一”称号作出理性反思的第一批人中的一员，足见其勤于思考和善于思考的精神。

20世纪90年代末，已经退休的黄遵宪为山东省柳子剧团传承了两出老戏。一出是《游西湖》、一出是《霄霆庙》(又名《御碑亭》)。他记得：“那个时候弄戏挺快，这俩戏应该是一年排出来的，不在1998年就在1999年。”《游西湖》的剧情为：书生高侠寄读于朋友柴栋家中。柴栋游西湖时偶遇贾员外之女贾玉蓉，见其貌美，遣人提亲。贾员外提出要当面相看女婿，柴栋自知貌丑，央高侠冒其名前往。是日，贾员外相中高侠，又因大雨，强将高侠留宿贾府，并安排当晚洞房，高侠不肯背友，坚决不与玉蓉成亲。三日后，贾家送亲，柴栋拦路砸轿，众人闹至公堂。县官审明缘由，判高侠与贾玉蓉成亲。《游西湖》一剧与明代沈自晋的《望湖亭》传奇等内容相近，只是人物姓名不同。当年，曾是郓城县工农剧社的保留剧目之一。该剧演唱曲牌丰富，尤其是高侠与贾玉蓉在贾府“洞房”一场，于长短句的【锁南枝】曲牌中夹进了七字上下句的【序子】，能更加充分地表达人物内心细腻的情感变化，对曲意有补充作用。

《霄霆庙》取材自明人小说《王有道疑心弃妻子》。① 剧情为：王有道进京赶考，家中留下妻子孟月华和妹妹王翠萍。适值清明，月华回娘家扫墓，因惦记家中只剩小姑一人，当晚即匆匆赶回。途中大雨骤降，无法行路，孟月华无奈避至霄霆庙，不意书生柳盛春已于亭中避雨，月华恐其轻薄，一时紧张无措。柳生为一君子，始终谨慎自律，使月华渐放宽心。天明雨驻，二人分别离去。孟月华归家，将其经历告知小姑，翠萍又告知其兄有道，有道疑孟氏有私，休妻。后有道与柳盛春同期得中，无意间听闻柳生叙己在御碑亭避雨一事，方知孟氏委屈，遂前往孟

① 见《明清小说善本重刊》/(明月)西湖渔隐主人编《欢喜冤家》，岳麓书社1993年版，第297—315页。

黄遵宪为青年演员侯苗苗排练《包公错断严查散》

家谢罪，夫妻和好，又将翠萍许配柳生，一家欢聚。

被评为柳子戏国家级代表性传承人之后，黄遵宪为剧团又传承排演了《包公错断颜查散》（又名《包公错断》）和《朱买臣休妻》两出传统剧目。《包公错断颜查散》是一出表现包公知错改错的柳子戏传统剧目。剧情大意为：少女柳金蝉元宵观灯时被无赖李豹诱骗家中，逼婚不从遭其杀害，遗下的珍珠衫被颜查散拾得，颜遂被指认为杀害柳金蝉的凶手。包公为察明案情至阴曹地府查勘，判官为包庇外甥李豹，私自篡改生死簿以蒙骗包公。包公判颜斩刑。颜查散死后尸身不倒，包公始知自己误判，再赴阴曹察明真相，斩判官与李豹，使颜查散与柳金蝉还阳成亲。

《朱买臣休妻》是一出多剧种共有剧目，以马前泼水的故事广为流传，在此故不赘述。

有关传承这几个剧目的心得体会，黄遵宪提供的一篇《传承古老剧

种 弘扬传统文化——在传承学习班上的发言稿》手稿中有着详细记录。在此，部分摘录相关原文如下。

从上个世纪末至今，（剧团）领导人虽有些更换，但对我这个退休多年的老演员还是很重用的。在领导的组织指挥下，复排了几个戏如：《霄霆庙》《游西湖》等。2006 年后又推荐为传承人，又排了《包公错断颜查散》，该剧已在中国首届非遗博览会（济南）展览演出，反响不错。当时《大众日报》还发评介文章。

我为什么要选择这样几块戏来排演？我是这样想的：柳子戏是个有几百年历史的古老剧种，被称为剧种群中的老大哥。它的剧目繁多，行当齐全，表演风格别致大方，唱腔曲牌丰富，是个耐听耐看的具有齐鲁之风采的东方剧种。选排什么样的剧目能体现曲牌丰富婉转动听的剧种来呢？我有自己的想法。

历代艺人演出时打得响的剧目：

首先，剧目故事有根有据，如《游西湖》，它是古文学《醒世恒言》中的“钱秀才错占凤凰俦”；又如《霄霆庙》（更名为《御碑亭》）故事来源于明人短篇小说《欢喜冤家》中的“王有道疑心弃妻子”（主要角色的名字柳子戏就没改），古老的剧种演古老的故事很自然。

其次，这些剧目的唱腔用的都是俗曲，有所谓“俗曲小令行于燕赵”之说，说明柳子剧种的古老：舞台上出现的角色，各有自己的重点活儿路，各有自己的唱、念重点，演这戏里的角色能锻炼出好演员。许多的名演员，都是在这些戏里练出来的。

我传的这几块戏，都是地地道道的柳子戏风味很浓的戏，在新中国成立前经常上演，如今经过整理上演，仍受观众欢迎并有好评。如《错断颜查散》，关于包公戏是个很有意思话题，除了戏形式外，有许多文学作品，反映的思想意义全都是包公断案正确，别人犯错误他来纠正，他没有一点错处，到处都是他正确，天上有个文曲星，人间有个老包公，包括阴曹地府对他没有说个不字的，这是一个神秘的艺术形象人物。

然而，这一唯一正确的人物，唯独柳子戏有他“错断”颜查散的一个剧目[①]，而且是地道的传统剧目。从这戏的角色行当使用、文字使用，唱词的编创、曲子的设计和剧本的结构等等看，都不是哪个人随便划拉的，是个正儿八经所创作的，经得起考验的一个剧目。

我排这个戏时，就抓住了“包公错断”四个字作为主线索来进行编写，有地方进行创编让包公多次查卯簿。尤其下阴曹的途中，亲耳听到两个冤魂对诉冤情，并且几乎是面对面的听受害者的批评：“杀害金蝉的是李豹，错断颜龙的是包拯”。这时包公又羞又气，情不自禁地喊出了“听二魂哭诉冤，包文正自羞惭，封府南衙竟有错断”。他决心查找真凶……因而老百姓（后台齐唱）“包公错断为教训，万民仍呼包青天”。这样一点也没损伤包公的形象，反而觉得他是个脚踏实地的人物，比那种玄而又玄的神秘形象更可爱，更受人们尊敬。演出后，《大众日报》发表了文章予以好评。

① 山东地方戏曲剧种中，罗子戏（旧称大笛戏）亦有同一剧目内容的《错断颜查散》。与柳子戏以重点塑造包公形象不同，罗子戏是以阴曹中“游魂”一折的大笛伴奏、插科打诨、载歌载舞的表演为特色。

这篇“发言稿”中有关《游西湖》一剧的阐述也非常翔实，原文如下：

那么，俗曲剧目《游西湖》的情况是怎样的呢？这是一出俗曲剧目。它的唱腔有【黄莺儿】【娃娃】【锁南枝】【驻云飞】等曲子。也穿插用了“序子”“青阳”和“小令”等。这是一出以小生（高侠）贾玉蓉（小旦）为主要角色的戏。虽有抢亲的情节，是叙述，舞台上不出现武打场面。这戏有两场好看的表演：“游湖”这场戏有六个演员（贾玉蓉、丫鬟和女船手，另有柴栋、胡思和男船手），两只游船同时出现在舞台上，角色用神情和身段表现湖面风平浪静，在观看盛景的同时表露人物性格神态，这是既好看又好听的一出戏。

另一场是洞房花烛夜的戏，是假女婿高侠和真妻贾玉蓉二人洞房花烛夜的表演。试想：一对青春男女，乍入洞房，是一种什么心态？是不是青春年龄段的人的最好的感觉的时刻？古语说得好：“洞房花烛夜，金榜题名时”。这戏里的女方待后再说。单说这个假女婿高侠，他是个代人相亲（现代语婚托）这样一个角色，却被迫入了洞房，他应有什么心态？是喜呀？是忧啊？恐是七上八下的心情扰乱这位假女婿吧！

再说真妻贾玉蓉是如何想呢？父亲为我选了个好老公，我高兴，他也应该高兴啊！不！他怎么……反而……我要逗他玩儿，引出他的言语来。于是两人就用了十几分钟的时间，以戏曲特有的表演动作和形态、神情为语言，一来一往的进行内心交流沟通，彼此心领神会。这当儿，观众看得最清楚最明白，他（她）们内心在说什么，但是，没有丝毫的低级趣味，而是明明白白的大方表演。这场戏的表演、表情的处理充分显示了戏曲剧种的表现功能。能否吸引观众，就看演员当场内心的交流是否准确而定。好的演员表演是很有吸引力的，这场戏演员的表演要有内心的功夫是关键。

早在郓城县工农剧社期间，黄遵宪曾经出演过《游西湖》中的高侠和《霄霆庙》中的柳盛春这两个小生角色。通过这两出戏的剧情和他在“发言稿”中的分析可以看出，在黄遵宪自称为“打打武再唱唱角”的前《孙安动本》，甚至是前《三盗芭蕉扇》时代，他其实已经塑造过有着细腻心理活动的人物形象。虽然在当年或许并没有引起他自己的重视，但以旁观者的角度来看，这些无疑是黄遵宪走向成功道路上的一段阶梯，由此不由得让人再次感慨于“千里之行始于足下”“不积跬步无以至千里”这两句格言所蕴含的人生真谛。

此外，若论排演这几出戏的过程，当属《包公错断》最为“难产”。当时的心情，通过黄遵宪写给剧团领导的一封信充分反映出来。这封由黄遵宪本人提供的手写信，也让我们在他的“辞职风波”后，再次看到他颇有个格的一面。

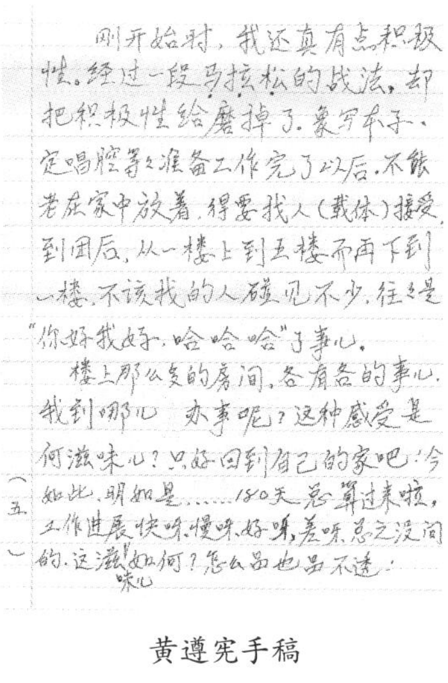
刚开始时，我还真有点积极性。经过一段马拉松的战法，却把积极性给磨掉了。象写本子、定唱腔等等准备工作完了以后，不能老在家中放着，得要找人（载体）接受，到团后，从一楼上到五楼而再下到一楼，不该找的人碰见不少，往往是“你好我好，哈哈哈”了事儿。

楼上那么多的房间，各有各的事儿，我到哪儿 办事呢？这种感受是何滋味儿？只好回到自己的家吧！今如此，明如是……180天总算过来啦，工作进展快呀、慢呀、好呀、差呀，总之没间的，这滋味儿如何？怎么品也品不透！

（五）

黄遵宪手稿

信中写道：

现已进入7月份，即2009年下半年已开始好多天了！快呀，真快呀！真是“一寸光阴一寸金，寸金难买寸光阴，光阴似箭催人老，时光流失难收存！”在这时光飞速流失的过程中，你我还真够沉着呢！相互之间没有思想交流也没有工作方面的交谈……半年了，六个月了，180 多天了，180 多天有多少个工作小时啊？我没去算！

领导忙，我也懒，因而造成了你我之间的好像是沉闷的局面。正如鸡犬之声相闻、老死不相往来。现在我终于沉不住气了，还是先汇报一下我排戏的情况吧！

《包公错断》这个戏，自（2009 年）4 月份宣布上马以来，我就又仔细地修改了一次剧本，然后确定了唱腔，整理好曲谱，打印后都发给了演员。现在学得怎么样？进度如何？不得而知。目前这戏还处于怀孕状态，何时降生？乃未知数。

……

刚开始时，我还真有点积极性，经过一段马拉松的战法，却把积极性给磨掉了。像写本子、定唱腔等等准备工作完了以后，不能老在家中放着，得要找人（载体）接受，到团后，从一楼到五楼而再下到一楼，不该找的人碰见不少，往往是“你好我好，哈哈哈”了事儿。

楼上那么多的房间，各有各的事儿，我到哪儿办事呢？这种感受是何滋味儿？只好回到自己的家吧！今如此、明如是……180 天总算过来啦，工作进展快呀、慢呀、好呀、差呀，总之没问的，这滋味儿如何？怎么品也品不透！如果这戏能排出来，当然算作好事，剧团多一个节目，如能上演的话，可有这戏的传统曲牌供人欣赏；如果不能排出，那么在我心目中仍然认为它是一出不错的戏。可以在内心回忆回忆那些优秀的传统唱腔，心情同样是高兴的。

至于《朱买臣休妻》一剧的传承情况，为更为直观地展现黄遵宪其人。不妨再次将他个人手稿援引如下。

之一：

## 《朱买臣休妻》演出前的几句话

各位领导、各位专家、同行和观众同志们，下午好！

我团将进行传承剧目汇报演出，实际是个连排。欢迎大家光临！将要演的这个剧目是柳子戏的传统剧目，名字叫《朱买臣休妻》，是古代人夫妻之间闹纠葛的故事剧。这故事出自一部古文学作品《烂柯山》。写的是汉武帝时一个真实的小官僚人物，作品的主人公就叫朱买臣，后来戏剧艺人把他编成舞台剧上演，还是能够引起观众们的注意的。弋阳、青阳、昆曲等古老剧种和古琴书都演过这出戏。柳子戏也称这戏为“倒休”或“马前泼水”，原始本是老艺人何芳善口述、由纪根垠校注。这次由黄遵宪整理排练，唱腔用了些俗曲曲牌、高腔、青阳腔和序子等柳子的主要唱段，主要角色都是青年演员担任，他们演来能不能胜任，可不可意？同时说：我作为古老柳子戏传承人，要尽最大努力做好传承工作，能不能胜任？在这里，望请领导、专家和同行们看戏后，多多批评指正。

谢谢！

黄遵宪

之二：

## 对《朱》剧：观戏感言

黄遵宪

"家庭和睦，幸福多多"。这是人人都懂得的切实话语。《朱买臣休妻》这出戏看了之后认为，剧中人物的行为和理念，是与上边的那句话相反的。听到的是"吵吵嚷嚷"，看到的"打打闹闹"，各施各的强势，终日不得安宁，夫妻"相敬如宾"谈不上，"幸福多多"更是无影无踪。

你看朱买臣：起先好像为弱势一方，后来成了强势，便以"马前泼水"的绝招强势压倒了对方。他的"强势"强到了不可收拾的地步，只好面对着陪伴过自己二十余年的前妻之尸体长叹一声"水洒人殁"。这种猫哭耗子的空叹对谁有用？

再看另一方崔氏女：看来起先好像为强势……待到受了另一个强势（后夫）的打击之后，立刻变得弱势，妄想央求前夫（现已成为强势）可怜可怜自己……那位由弱变强的官儿"归燕无心衔落泥"了，任你"杨花随风飞"吧！这一左一右无路可走的"可怜的"弱女子，已晚了三秋！也只好非命于江涛之中了！

这种夫强妻弱——男强女弱；官昂首，民低头的表演过程你看了有何思索？这岂不是低素质人的悲惨尽头？我们今天来说：造成这一悲剧的原因，难道不是旧社会、旧时代的劣根性吗？然也！我想今人看了后，会不由己的叹之，甚或恨之，但不会效之。对古老的艺术可以赏之，对旧时的意识不可效之，切切不可效之。今人要"家庭和睦"，夫妻"相敬如宾"，才能“幸福多多”，否则……

古老剧种柳子戏，传统剧目丰富，喜剧也好，悲剧也罢，都是当时艺人们劳神费心编创出来的，为后人留下了宝贵遗产，让今人鉴别、欣赏，肯定优长，去芜存菁。通过整修，使其能够跟上时代发展的步伐，为我们新时代贡献点微薄的有益作用。

我本人心里有个想法，现在说出口，就是我自己的口号：挖掘整理保家底，演出宣传装门面。党的保护方针好，东柳儒韵再延年。

敬请各位，经常关注关注古老的“东柳儒韵”吧，为盼！

谢谢！

《朱》剧传承人

当然，在黄遵宪的传承任务中，《孙安动本》肯定是不能缺少的一

黄遵宪（右）为杨春伟传授《孙安动本》（1995 年）

项。自 1979 年《孙安动本》平反后，黄遵宪又演出该剧多年，后来则致力于这出戏的传承。迄今为止，《孙安动本》仍是山东省柳子剧团经常上演的剧目。扮演过孙安的演员，有赵洪山、王兴苍、李长祥、杨春伟、周伟、周金伟、彭晏辉、吴辉、程鹏、李昊等多人。这其中，又有几位后辈演员因为塑造孙安形象，获得过各级奖励。而《孙安动本》一剧，也曾于 2004 年 9 月，在阔别首都舞台 45 年后再次进京演出，并同样收获了多方赞誉。

对于如何传承柳子戏，黄遵宪觉得必须要有自己明确的想法和观点。他在 2009 年 7 月 10 日写给剧团领导的一封信中表明了自己的观点，信中写道：

> 不排这个戏[①]无关剧团大局，但是有个观点必须树立：对传统剧目必须慎重对待。我的导师尚之四同志曾这样说过："柳子戏产生在旧社会，虽遗产丰富，但不可避免地会有一些不完整甚至有些不好的剧目，更甚者在新时代看来属于坏戏的剧目，这就需要我们用考古学家的精神原则，以挖地三尺的气力去挖掘它。它比作出土文物蒙着一些污垢，比作破盆、破罐子残缺不全，这就需要做些修补、琢磨或复制，使其完好起来。有很多剧目是口传的，一代一代可能有传讹的，有传漏的甚或传错了的等等这些情况，都会使有些剧目失去了它应有的面目，这就需要我们去研究，去发现——在新时代还能有点能用的东西，予以加工和发展才能奏效，才能使柳子戏的传统优秀遗产不致失传。"

---

① 指《包公错断严查散》。

“没有继承就谈不上改革、没有改革就不能算是很好的继承。应当这样说，改革和继承是统一的。所以说对待传统剧目，既不能盲目拿来上演，也不能把它抛开不管，即改革、整理、继承、发展。”

上边是尚公在柳子工作实践中得出的观点，我本人是赞同的，这些艺术观也应该是柳子剧团不反对的吧！

作为柳子戏国家级代表性传承人，黄遵宪始终履行着自己的义务和责任，从退休后自觉自愿地教戏、排戏，到树立目标后勇敢地表明自我观点；从成为传承人初期的无所适从，到为弘扬柳子戏奔走呼吁，黄遵宪对于柳子戏的一腔深情和他对传承事业的不断思考，无疑使他成为一名勇敢的、有担当的传承人。

## 离不开的柳子戏

黄遵宪从小在戏曲氛围中长大，四五岁就开始接触柳子戏，十几岁时已正式步入职业演员生涯，而直到今天，耄耋之年的他依然醉心于柳子戏。70 年对事业的坚守，无需更多的溢美之词，早已通过他饰演的角色、他的一言一行，甚至他生活中的一点一滴尽展无遗。其中，家人的支持无疑是他全身心投入柳子戏事业的最稳固的后方保障。

黄遵宪家的客厅里，摆放着一张他和妻子王瑞雪的合影，那是在他们结婚 60 周年的钻石婚纪念日拍摄的。说起妻子，黄遵宪满怀深情地感谢一直有她的相知相伴。黄遵宪的妻子也是郓城人，娘家就在他的邻村，当年是一位朴实、勤劳、性格好的小媳妇，经过几十年的风风雨雨，老伴在他的心目中依然朴实勤劳、任劳任怨。当然，一心扑在柳子戏事业上的黄遵宪说起自己的家庭，心中既有欣慰又不乏一丝愧疚。其中令他印象最深的一件事，是当年因排演《孙安动本》三年没回家的一段记忆。

从 1959 年到 1962 年差不多三年的时间里，《孙安动本》始终处于不断地修改提高和排演过程中，剧组主创人员个个以排练场为家，从郓城迁来省会济南组建山东省柳子剧团的原工农剧社演职员们也莫不如此。黄遵宪记得，这期间他和妻子只有过一次通信，还是因为妻子久久等不着他的音信，找村里的代笔先生写来的一封家书。接到这封家书时，时间已经到了 1962 年的年初，黄遵宪怕家里着急，就回信说快回家了，结果还是又过了几个月，到 6 月份才终于回到了家中。妻子见到他的第一句话是："你三年没回家了。"没有抱怨、没有不满，却使他百感交集。当时，大女儿已经 8 岁，见到许久未见的父亲也是怯怯的，不敢相认。这以后，黄遵宪回家的次数虽不是太多，但基本能保证每年有几次，一直到 1980 年前后国家为解决"牛郎织女问题"——让新中国成立以来，因工作原因造成两地分居的家庭得到团聚——逐步制定了相关政策。在这个过程中，黄遵宪的妻子带着女儿们终于从郓城来到了济南。

黄遵宪把自己的五个女儿戏称为"五朵金花"。说起她们的出生，又似乎总是能跟他的工作多多少少有着些关系。大女儿是 1954 年他去上海时出生。当时，黄遵宪跟随参加华东区戏曲观摩演出大会的山东省代表团在上海住了有一个半月，期间，接到了大女儿在老家出生的消息。二女儿和大女儿差不多相差了 10 岁。这 10 年又差不多是黄遵宪正忙碌的 10 年，"就是 1958 年春节放了一个假"，回团以后，就开始一直跟着《孙安动本》剧组跑，一直到 1962 年才回家。

黄遵宪不在家乡的那几年，家里的年景并不算好，甚至有时到了吃不饱的地步。说起来，因为是在剧团“能管饭”，他自己到不至于挨饿。回忆那段日子，黄遵宪说：“我现在一直幸运的是我们家没饿死人，虽然老的少的都受罪了，但是包括父母、妻子和闺女，全家人都还好。那时候我们庄饿死了十几口子，其实也不光是饿，就是营养不足，人生了病，吃的孬又都吃不下，慢慢就这样瘦死了。不是因为没吃的，是吃不着好的、有营养的。我在剧团有啥好处呢，就是能经常出去演出。演出不管到哪，都能管顿饱饭。再一个在济南住的时候，有个晚会啥的还能吃上几顿好的，有馒头、热菜，就很知足了。”黄遵宪的二女儿出生于1963年，那是在他完成《孙安动本》的电影拍摄工作回到家以后的事情，后来的几个女儿又依次相差三四岁。

1980年，黄遵宪的大女儿因刚刚结婚留在了郓城老家。妻子带着其他四个女儿来到济南后，全靠着黄遵宪一个月九十几元钱的工资生活。当时尚属计划经济时期，黄遵宪自己每月有30斤口粮，妻子有28斤口粮，几个女儿则从28斤到25斤不等。这些定量的粮食分粗粮和细粮两种，而家里的几个孩子差不多都在长身体，虽是女孩，由于副食的缺乏依然显得饭量大，所以全家人的吃饭穿衣都成了问题。每次黄遵宪拿着全家人的粮本到粮食局去领计划粮时，经常被人批评没计划，还没到月底全家的粮食早早就被吃光了。至于全家人的蔬菜，则每次买菜总得划拉点零碎菜叶子才行。“比如买2斤，就得连捡的一块儿拿回来才基本能够吃的”，更提不到其他副食。这样紧巴的日子，让平素很少抱怨的妻子都说过，进城还不如在老家，在家吃多少没人管，这里还得吃定数之类的话。然而这些抱怨稍纵即逝，天性乐观知足的妻子常常说起的多是城里的许多好处。比如用上了自来水，再不用每天辛辛苦苦地打井水家用等等。最高兴的，当然是一家人终于可以团聚在一起，和和乐乐地生活。

如今，黄遵宪的几个孩子都生活在济南，大姐带头孝顺父母，几个姐妹遇事有商有量。而丝毫没有重男轻女思想的黄遵宪看着身边的几个女儿，心里常常充满了对老伴的感激。他认为，孩子们之所以都这么懂事，是因为他和老伴的夫妻感情好，家务事都是商量着来，两人共同分担。另外，也从不“欺负”孩子，所以家庭气氛总是一团和气的。即便夫妻二人偶尔像大多数人家过日子一样难免有些小争执，但两人“杠上的时候，总是有一个人先闭嘴，可能出去转上一圈，回来后就没啥事了”。

也许正是因为黄遵宪从没因为家务事闹过心，所以他的精力才能更多地用在事业上。同样，黄遵宪的业余生活也几乎离不开柳子戏。他遛弯，除了去附近的百花公园活动活动筋骨，就是去团里问问业务上的事；他练功，练的多是与柳子戏有关的武功；他画画，画的是一张张戏曲脸谱；他读书，读的是和戏曲有关的业务书；他还写点东西，更是字里行间都离不开柳子戏。

眼前黄遵宪的几份手稿中，有三份加注了这样的题眉：“这些文字暴露了我的思想”。这几份手写在稿纸上的稿件，一份写于“2010 农历八月十三日”，署名为“老兵遵宪”。这是写给山东省柳子剧团负责非物质文化遗产传承工作的同志的，内容是汇报他和李艳珍参加省文化厅遗产中心举办的座谈会的情况。第二份是手抄的《尚之四怎样与我排〈孙安动本〉》，在结尾部分加注为：“此文原发表于《戏剧丛刊》，后收入 1997 年山东文艺出版社出版的《尚之四导演艺术》一书。此次有删节。”第三份在抬头注明“（请批评）（请修改）”主要记述的是自己从艺的经历和演出柳子戏的一些体会。

另有两份手稿题眉为“暴露我思想的拙笔文字”，均写于 2013 年 9 月，主要是围绕如何传承《孙安动本》一剧展开的。其中一份的标题为

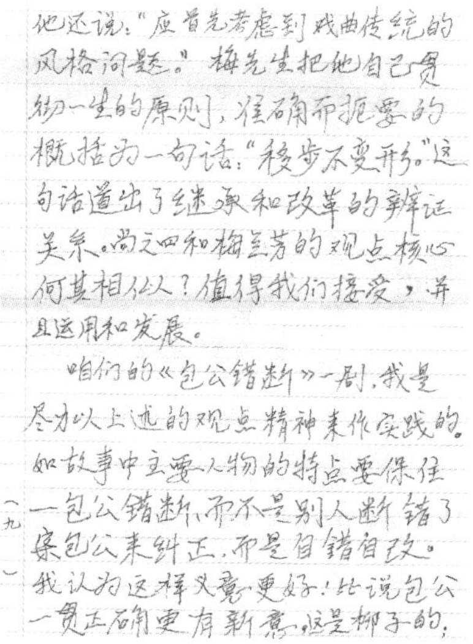
他还说："应首先考虑到戏曲传统的风格问题。"梅先生把他自己贯彻一生的原则，很确而扼要的概括为一句话："移步不变形。"这句话道出了继承和改革的辩证关系。尚之四和梅兰芳的观点核心何其相似？值得我们接受，并且运用和发展。

咱们的《包公错断》一剧，我是尽力以上述的观点精神来作实践的。如故事中主要人物的特点要保住——包公错断，而不是别人断错了案包公来纠正，而是自错自改。我认为这样义意更好！比说包公一贯正确更有新意，这是柳子的，

黄遵宪手稿

《您知道我的心情吗？》，足见他对该剧的感情至深与念念不忘。

此外，还有四份题眉为“这些文字暴露我的观点”的手稿。第一份是前文引用过的《〈朱买臣休妻〉演出前的几句话》和《对〈朱〉剧：观戏感言》，以及一张《朱买臣剧组征求意见简表》。第二份是前文部分引用过的《传承古老剧种　弘扬传统文化——在传承学习班上的发言稿》，主要谈他“学戏、唱戏、教戏的一点体会”。第三份也是前文部分引用过的，写于 2009 年 7 月 10 日的给柳子剧团领导的一封信，主要陈述的是为排演《包公错断》一剧奔走的情况。第四份手稿写于 2015 年，是为纪念他的师兄崔明雨逝去一周年而作。

值得一提的是，在黄遵宪的演员生涯中，早期与他合作演出最多的就是崔明雨，在黄遵宪一生最重要的剧目《孙安动本》中，崔明雨也与他有过合作。同时，这篇短文不但记录了黄遵宪与崔明雨的情谊，还有一些涉及黄遵宪从艺经历的内容是我们之前没有提到的。为此，将这份手稿全文展示如下。

**向历史学知识　向老人学本事**

一、一位对柳子戏有卓越贡献的老艺人

净角儿表演艺术家崔明雨（曾用名崔先德），山东巨野县龙固集人士，自幼学习柳子戏，是柳子戏老艺人王福润等教的

明字辈科班学员，因而取名崔明雨。是位对柳子戏有卓越贡献的老艺人。

他是柳子戏科班出身，我是柳子戏玩社出身，同学柳子戏，本当称呼他为师兄。是我戏剧行的师兄，又是我武术行（大洪拳）的师兄，更是我戏剧舞台上的表演搭档。

记得在我还未学戏的时候，就趴在舞台角上看过他演戏，他的角色可不少：有短打武戏，有长靠武戏，有袍带胡须戏，还有反串女角戏……

他十五岁学的戏，出师后搭了“江湖班”，是个顶班的文武兼备的净角儿演员，在“玩友班”还结交了不少朋友，我就是其中一个。

那是1949年的冬天，柳子戏旦角演员叫刘进堂，他开始组合义和班，崔受刘进堂委托去郓城县我的村黄岗邀请武术队，将参加定陶县王店村的一次玩会演出。自此以后，就熟悉了。不久这个义和班由刘进堂申请，被郓城县接收为郓城县工农剧社，这样一来，崔兄和我就成为工农剧社第一批成员了。我在业务方面便和他长期合作（主要是向他学习舞台上的表演本事），逐渐就成为搭档。

他的演出角色很多而且非常叫响。第一个角色是《龙宝寺》里的法清和尚，这个节目是当时工农剧社最响的一个戏，它的原始演法没有武打，拿法清和尚时，只用王朝、马汉等四个校尉，劈来过去几个过门，法清就被拿住了，很是简单。这戏这样的演法，为什么能有好的效果呢？因为有个好唱家子李明云（大青衣）饰演黄秀娘，吸引了听众，如其中“黄秀娘一觉没睡醒，忽听得门外有人声”两句唱，每次唱得都满堂彩，听众高喊："哎呀，脆黄瓜出来了！"掌声随之而起！《龙宝寺》成为柳子戏的响剧目，另一个原因更值得一提，就是黄岗的武术队参加演出后有了武打，拿法清和尚时，更热闹了。武术队分别为正面跟着王朝、马汉，反面跟着法清和尚，都是用大洪拳的真刀真枪的武打套路。在这些武打中，都是崔兄领当头，武术队成员根据需要，来些翻滚打扑等技巧，打得很火热。这些真枪真刀的套路，给柳子戏挣来了武戏的响声名誉，有黄岗武术队的功劳，也有崔兄的功劳。

自此以后，柳子戏的武戏一天天增多，武打套路也一天天丰富，如《燕青打擂》等。因而观众就有了口头语说："不看别戏的花衣裳，也看柳子戏的光脊梁"。省戏曲专家纪根垠先生，自 1953 年开始，就很关注柳子戏的《龙宝寺》和其他的武戏了。后来他写《柳子戏简史》一书时，就用上观众的口头语（如前边所说）。

我演的第一个较大的角色是《下西川》中的马岱，崔兄演张飞。第二个较大的角色是《打店》中的武松，崔兄他演孙二娘，这是个孙大个儿，又是孙大脚！《小五义》中我演艾虎，崔兄演徐良。《打擂》我演燕青，他演李逵。《打登州》中他演程咬金，我演罗成。他还演了这出戏里的杨林和秦琼，都很有气派，工架很是可观，自成一家。我演《三盗芭蕉扇》中孙悟空，他演牛魔王……他还演了一些武将类型，如邓飞虎、张飞、韩昌、突力子等花脸角色，披甲戴盔，舞枪弄棒，挥鞭催马等等架势，轻松飘逸，且稳如泰山，值得后辈青年演员学习，更是该我学习的。

从柳子戏苏醒初期，他就是工农剧团的主要演员，演的节目也很可观。自那时起有许多演员，如与他同科班出身的：明保、明月、明起，秋字辈出身的张兴灿（秋魁）、秋鹅、秋豹、秋玉等，还有明菊和冬字辈的郑兰亭、刘桂兰等等。再加上月琴老艺人和一些乐手。这个义和班发展起来工农剧社，演员队伍相当强了，有所谓四生四旦四花脸之称谓了。省立两次戏曲会演时，虽然大红脸张春雷，李永秀和何东明、孔繁奇都赴会演出了，但留守的演员，演出阵容还是相当可观的，真是新中国成立后柳子戏演员大聚会。

单说崔师兄这位演员当时的情况：他既是主要演员，为什么省会演没选他去的角色？如果当时让他演《黄桑店》中史大奈和《三盗扇》中牛魔王的话，肯定能胜任。当时县里有个全面考虑，为了不影响留守团的正常演出，崔的角色也较多，留他在家里有利于开戏，当然也就不影响收入（因为当时剧团属自负盈亏团），这样也就有利于大伙儿的股账分配。所以，就决定让他留在县里应付演出。这一决定崔兄就愉快地服从了，且高兴地完成了自身的任务。在郓城等地留下了很出名的“二花脸”名声——崔二花。这不仅仅是个服从的问题，而是一个人的素质问题。崔兄的好人品和被人们赞扬的行动和做法不仅如此，比如不久之前（2013 年）与青年演员排《孙安动本》，他的徒弟李卫国为保证张从的演出质量，就请崔老师在排练场指导自己的表演，而崔兄便很用心，很细致的又给徒弟（卫国）说了很多的关键的地方。使其表演提高了很多，使我非常赞成。此次重新加工很能说明崔兄将自己对角色内在的体验传给了徒弟。

二、崔兄的角色都给观众留下了艺术美的享受

他演戏重内心体验，很是传神。自1959年剧团调省后，《孙安动本》中第一个张从的任务就是他担任，一直是他（包括电影中），全国各地演出都是他，没有第二个，他的徒弟接了以后一直演到现在。

张从这个角色，通过他反复推敲，把这一仗势欺人、作恶多端、穷凶极恶的艺术形象，刻画得淋漓尽致，真是万民愤恨……更显示出了万历皇帝的无能，更衬托出了孙安的忠贞的艺术形象，整个剧目增添了光彩。他演张从我演孙安，舞台、银幕上我们俩是死对头。在戏校同教戏，剧场同排戏，同当辅导老师，真是长期搭档，铁杆搭档。

就是这样一位老艺人，其潜力还没完全发挥出来就离我们而去……他的离世是柳子戏的一大损失；就是这样一位科班出身的老艺人，能扮演古装戏，也能扮演现代戏角色；就是这样一位老艺人，当过几十个学员的辅导老师，这些被辅导的学员，现在不少都是柳子戏舞台上的重要力量；这位崔兄于84岁那年，还发挥余热，为青年演员传授了一出有特殊技术的特殊戏——彩戏，就是这样一位终生不为名利而一心为剧种、剧团而出力劳神的老艺人，为后备青年演员树立了好的榜样，值得学习且不能忘记，更是我不能忘记的好师兄、好搭档。

崔兄，今天是您离开人世一周年纪念日，我们怀念您！师弟黄遵宪有几句言语送给您：您离世，是柳子戏极大损失，而且是不可弥补的损失！

我怀念故友——崔师兄！

家有玉笛暗飞声，散入春风满泉城

一闻曲中“折杨柳”，何人不动“梨园情”

舒枝拙笔于“舒枝斋”柳舍1号楼

乙未年正月十八日

离不开柳子戏的黄遵宪，始终关注着山东省柳子剧团的成长。对于2012年剧团排演的《鱼篮记》，他有话要说；对于2015年剧团重新编排上演的《张飞闯辕门》，他也有话要说。可巧的是，这两出戏都是他曾经执导过的剧目。早在郓城期间，他导演的《金鳞记》与《鱼篮记》是同一内容，而《张飞闯辕门》则是省柳子剧团参加“天下第一天”演出时由他复排的剧目。

黄遵宪对于这出《鱼篮记》的意见，是明明自己剧团有人，为什么要花钱“请人写剧本，请人导演”，“为什么不能把团里这帮子人请来大家酝酿酝酿？”由此，他还联想到“柳子戏剧种如今不应该在这个地位上，它应该是山东很骄傲的一个东西。全国四大古老剧种[①]山东就占了一个，为什么现在会这样呢？”

对于新编写的《张飞闯辕门》，他觉得虽然不错，但不该去掉“气走范阳”一段中张飞与刘备、关公抱头相哭的情节。“就是张飞不服诸葛亮，跑了，刘备和关公说三弟不能走，我们不能分开，诸葛亮就让他们去撵张飞。张飞不回去，其实是对刘备、关羽有意见，表示你们拥护诸葛亮，我不拥护的这么一段戏。这段里面刘备哭，表示三个人是生死弟兄不能分开。关公轻易不掉泪，也掉泪了。张飞这时说，大哥你就会哭，我就不哭——是带着哭腔说的；二哥你也哭，我就不哭——也是带

① 指“南昆、北弋、东柳、西梆”中的“东柳”。

着哭腔说的。说着我不哭，弟兄三个抱头而哭了。这一段里，张飞的表演让人看着想笑，心里又跟着辛酸，那个情节观众是两眼带着泪花子哈哈大笑的。什么叫戏啊？这就是戏！”由这一个《张飞闯辕门》，黄遵宪又联想到柳子戏剧种应该稳定一批剧目。“稳定什么样的呢，就是整理改编过的那一批《黄桑店》《张飞闯辕门》《玩会跳船》《孙安动本》《红罗记》等等这十来个戏。唱腔不好唱腔上下功夫，唱得不好唱上下功夫。再一个，会的人少你就叫会的人多起来，原来只一个人会，你叫三个人会，就从这里边锻炼人员，这些戏还能失传了吗？”

经历过20世纪50年代末到60年代初柳子戏辉煌时期的黄遵宪，认为当年柳子戏的辉煌是因为有一批好剧目。这些好剧目是新中国成立后的新传统，也就是现在柳子戏应该遵循的传统。这些传统，是经过加工的传统，是经过广大观众验证、专家认可、领导肯定的传统。而如何对待这些传统，黄遵宪在一篇手稿中借梅兰芳的话表达了自己的观点。他写道：“京剧大师梅兰芳对戏改的观点，也应当是我们搞柳子戏的人们所接受并实践的，他说：‘我不喜欢把流传很久而观众已经很熟悉的老戏，一下子就大刀阔斧地改得面目全非，让观众看了不像那出戏。这样做，观众是不容易接受的。’他还说，‘应首先考虑到戏曲传统的风格问题。’梅先生把他自己贯彻一生的原则，准确而扼要的概括为一句话：‘移步不变形’。这句话道出了继承和改革的辩证关系。尚之四和梅兰芳的观点核心何其相似？值得我们接受，并且运用和发展。”

面对剧种现状，黄遵宪认为有必要保持理智的心态。首先，对于想和他谈谈柳子戏的，他觉得“可以插嘴，可以说点话”。如果没有人愿意听他说，那么就自己想，自己念念柳子戏，也不是非得去找人说。其次，如果让他表达自己的观点，他“不会随大流”，即便有人不认可，也会鲜明地表明自己的立场和态度，也会本着“保护为主，抢救第一，合理利用，传承发展”这一对待遗产应有的工作方针，坚守柳子戏的传统。

黄遵宪说：“我四五岁看戏，看柳子戏，还有枣梆，其他梆子戏也愿意听。比如枣梆就有一个戏叫《蝴蝶杯》，一生一旦唱得太好听了，所以好的剧种我都爱。京剧是后来才喜欢的，开始不懂。其他也有一些剧种我觉得咋咋呼呼的，并不好听，但是它能存在，肯定有喜欢它的人，咱也不反对，不说人家不好。但是我这一生，就是柳子戏成长起来的，所以最爱的、最愿意说的，还是柳子戏。对于我来说，柳子戏就是一个大学校，而我，就是里面一个永远毕不了业的学生！”

# 【下篇】

## 李艳珍：氍毹之上，练就成一代红伶

# 一、时也运也

如果早出生几年，或许李艳珍就不会走上戏曲之路，柳子戏第一代女演员中也就少了一位扮相俊美且台风出众的佼佼者。这样说虽然不乏宿命论观点，但只要在对李艳珍的家庭和她成为柳子戏演员的过程有过一些了解后，就不难理解这个结论是如何产生的。当年那个貌似“天生好命”的人见人爱的漂亮女娃，那个或许能够出落成女学者或者投身商界的聪慧女子，却被命运牵到了柳子戏面前。而她，则将自己的聪慧与勤奋全身心地奉献给了柳子戏，并且以这种方式成就了自己，也成就了柳子戏事业。

## “李家大门的小姐”

李艳珍出生在郓城县的一个大户人家，祖父辈的几个兄弟中有经营商贸的、有管理土地的，共同支撑着一份庞大的家族产业。曾经的郓城县大约有一半的地盘都属于李家，她的祖父即在县城经营盐业，并且几乎垄断了整个郓城县的盐业市场。由于家境优渥，在李家的长子长孙，也就是李艳珍的父亲出国留学时，家里是用麻袋装着银圆供他开销。

生活在运河沿岸郓城县城的李氏家族，除了富有，还非常重视对孩子们的教育。到李艳珍的父辈一代，她的父亲曾就读于北京的名牌大学，毕业后又留学日本和苏联，两个姑姑也都在县城上了学，因此堪称书香门第。和父系家族相比，李艳珍母亲的家族有着与李家门当户对的“实力”。李艳珍的母亲姓魏，出生于一个大地主家庭，娘家所在的整个村庄都属于这个家族，就叫魏庄。由于魏家一直生活在农村，思想观念上没有李家开明。所以生长在这个相对封闭家族中的李艳珍母亲虽是一位心地善良的闺阁小姐，却读书不多。在与李家联姻之前，魏家人甚至很少进城，更很少接受新事物。李艳珍依稀记得，她的母亲在谈到自己的爷爷进城时，只是因为看到李家的姑娘，也就是李艳珍的姑姑们穿着露出大腿的开衩旗袍，就曾经大叹：“坏了世界！”

就是这样一对来自截然不同家庭的夫妇，养成了李艳珍的个人性格。她的言谈举止带着大家闺秀的端庄与稳重，但不时闪耀的思想火花却显露出她的灵性；她对美丽和美好的事物有着天然的喜好，但外表却非常低调；她对一些事情的看法有着自己独立的观点，但却习惯于隐忍。尤其是在家境发生改变后，她的这些个性显得更加突出。

与许多旧式家庭相似，李艳珍的父亲是在婚后才离开家乡郓城，远赴北京求学的。李艳珍的姐姐小名叫作大京，就是为了纪念父亲在北京上学的那段日子。父亲在他不短的一段外出求学和工作经历中，隔段时间才能回家探望一次。期间虽然丈夫不常在身边，但由于有李家大家族的庇护，李艳珍的母亲也一直与孩子们生活得无忧无虑。然而谁都不会想到，就在不久之后，这个家庭的命运将会发生巨大的改变。

李艳珍父亲的求学生涯，有一段是在黄埔军校度过的。作为黄埔二期的毕业生，父亲在1942年农历二月二十六李艳珍出生时，已位居国民党军队高官。在她出生两三年之后，母亲便带着几个孩子，从郓城县城来到在济南工作的父亲身边。这段时间，是李艳珍和父亲一起生活最长的一段时间。在她的印象中，父亲比较注意对几个孩子日常行为的培养。比如她记得父亲曾说过："尊重别人就是尊重自己。上班、上学前都不要吃大葱、大蒜，否则就是对别人不尊重。没事回家以后或者晚上才可以吃，因为这时是你自己，不用面对外人。绝不能满嘴葱味、蒜味地和人说话。"虽然当时只有四五岁的李艳珍未必能够完全理解父亲的严要求，但直到今天，她依然保留着不少从小就养成的日常生活好习惯。

童年在济南的生活，对那时的李艳珍来说只不过是一段平常的日子。直到济南解放，国民党军队开始撤离，父亲带兵去了台湾，她才意识到那段与父亲共同生活的时日是多么短暂。而父亲留给她最后的印象，仅是把她们母子几人送到回郓城老家的车上之后，转身离去的不舍背影。

父亲离家几十年后的20世纪70年代末，李艳珍的母亲忽然收到了一封来自美国的家书，那是当年一起去往台湾的父亲、叔叔以及其他亲属，借去美国旅游之机寄回家乡的。母亲为此特意和几个孩子一起照了一张合影，而父亲在辗转收到这张照片后，一个人躲在被窝里哭了很多次。这个情节，是在改革开放初期海峡两岸通航后，由回到家乡的赴台亲属告诉母亲的。那时，李艳珍的父亲已经因为一次中风导致行动不便，但他却经常和台湾的家人念叨着："我现在是不行了，以后和大陆通了，你们一定回去看看他们，看看我的孩子……"

对于李艳珍来说，童年时父亲的离家，使这个本该占据一家之主地位的家庭一员，自此在她的生活中永远成为一块缺失的空白，而曾经面对她有关父亲的询问时，母亲的含糊其词甚至数缄其口，又加剧了她对父亲记忆的淡化。在她成为柳子戏演员后，曾多次回到家乡。当地那些见识过李家曾经的显赫家世的老人们，虽然依旧称呼李艳珍为“李家大门的小姐”，但实际上，从她走过的每一步人生之路来看，都留下了与“小姐”这个称呼极不相称的独立而勤奋的脚印。

## 天性活泼的女孩

父亲去往台湾以后，曾和李艳珍一家一起住在济南的姥爷，把她们母子带回了郓城老家。此时，曾经门庭显赫的郓城李氏家族中，李艳珍的父亲、叔叔和一个姑姑都去了台湾，只剩下爷爷和小姑二人留守，再加上财产全部被没收，爷爷已是自顾不暇，哪里还顾得上李艳珍母子。无奈之下，母亲只好带着几个孩子，回到他们原来居住的老宅。李艳珍记得，当母亲带着姐姐、她和妹妹、弟弟 4 个年幼的孩子回到“家”时，曾经的一个四合院已经面目全非，不仅家徒四壁，连屋子的门窗也全部被炸弹炸毁。母子几人心惊胆战地熬过一夜后，便连忙前往李艳珍的二爷爷家求助。而二爷爷也只能让出一间小屋，让这母子 5 人暂时栖身，至于她们的吃穿用度则完全无能为力。没过多久，万般无奈的母亲不得不带着几个孩子回了娘家。

回到母亲的娘家后，拖着几个孩子的母亲无以为生，只能将仅剩的几亩薄田出租让人耕种，靠着收回的一点粮食，以及陆续变卖家里的首饰和部分值钱的东西，勉强维持着几张嗷嗷待哺的小嘴，艰难地拉扯着几个孩子一点点长大。

童年时的李艳珍是一个活泼好动的漂亮小姑娘，这样的孩子，大多人见人爱。早在济南时，父亲一个很要好的朋友，就曾经想说服父亲把李艳珍过继给自己抚养，一直到父亲即将离家，李艳珍要随母亲回郓城时，这个朋友还想把她留下。而离开济南后，家庭的变故并没有影响她活泼的天性，即便从吃穿不愁、人人宠爱的富家小姐，一下子成了贫民之家的普通女孩；即便跟着母亲经历了从济南到郓城，再回到农村姥姥家的一路奔波，小姑娘依然快快乐乐、爱跳爱唱。

1950 年前后，8 岁的李艳珍成了新中国成立后的新一代小学生。而她的小学生活，如今回忆起来几乎都是在唱唱跳跳中快乐度过的。这段关于小学的记忆，是从她跟随母亲回到姥姥家后开始的。那时，她就读的是农村小学，教书的老师很喜欢“拉弦”，活跃的李艳珍就经常在老师的伴奏下边唱边跳，还在同学们合唱时担任过打拍子的指挥。这样的日子虽然只有 3 年，但显然进一步激发了李艳珍天性中的表演欲，同时也为她日后闪亮于舞台，无形中做了一定的心理开发。而倘若说起李艳珍与戏曲的结缘，又是很多机缘巧合的结果。

李艳珍有着良好的天赋条件，她容貌漂亮、身体敏健、性格活泼，并且还有着一副好嗓子和一身灵气。如果生在当今这个时代，绝对是学表演、当明星的料子。然而在她出生前后的那个年代，大户人家、书香门第的小姐若以唱戏为生，仍然会被看作是一件有辱家风的事情。

李艳珍记得自己 5 岁那年，父亲曾带着全家去济南新市场的剧院看过一场戏。年纪稍大后她在郓城观看到县里的评剧团演出时，总觉得里面的音乐和唱腔似曾相识，这才意识到当年观看的正是一场评剧演出。而当年那场演出中能够吸引李艳珍的部分，就只有演员们在舞台上甩动着水袖的边舞边唱。看完演出回家后，小姑娘就弄了条白毛巾搭在胳膊上模仿水袖，再在身上披一块花布，便当成一个新的花样玩了起来。不料自己正又蹦又跳玩得高兴，父亲恰好进屋看到，不由分说就打了她一巴掌，并且告诉她以后不许再这样玩了。父亲的这一举动，显然可以代表整个家族对待唱戏的态度，即便是小女孩出于好奇的游戏，唱戏在当时的大户人家李家来说，也是不被允许的。然而命运却似乎不肯让李艳珍的天赋被白白浪费，在她上了 3 年小学之后，因家中 4 个孩子年龄相差不大，几乎全处于吃得多又没法帮助大人分担家务的年龄段。为保障离毕业更近的姐姐能顺利毕业参加工作早些帮衬家用，母亲只能让和姐姐同时上学的李艳珍先辍学回家，另想他法。而这一想，就想到了学唱戏。

## 受不了，就逃走

辍学回家的李艳珍虽然不再需要母亲支付读书的费用，但只有十岁出头的她因为性格活泼好动，实在帮不上家里什么忙，每天就是这里玩玩那里跑跑，无拘无束地成长。母亲觉得随着孩子一天天长大，一个女孩子总是这样没个约束不是长法，就想着让她学学唱戏，也好有个安顿的地方。此时郓城县的四个专业剧团：梆子、柳子、枣梆和评剧已纷纷成立，民间戏曲演出活动相当活跃，不少生活拮据的家庭都想让孩子进入剧团混碗饭吃。就这样，漂亮伶俐、性格活泼的李艳珍一考就被剧团相中，留在了梆子剧团。

新中国成立之初的民间艺术表演团体，尚保留着一些旧式班社的松散状态，并且由于郓城一带的戏班以玩友班居多，比较缺乏正规的人员管理和教学实践，因此李艳珍在进入剧团后，既没有固定的老师教戏也没有日常的基本功训练，充其量只是学了几段唱腔，上台演过一次小配角。差不多一年之后，她所在的梆子剧团开始清查内部人员的家庭成分，虽然很多人认为李艳珍有着良好的先天条件，特别适合唱戏，日后一定能够走红，但是由于她的家庭太复杂，属于地主兼资本家的双料坏成分不说，家中亲属还有在台湾的国民党。无奈之下，只好将她清退。李艳珍记得，当时除了她以外，剧团里还有一个双手会写梅花篆字的人也被扫地出门，“他原来是写水牌的。后来听说他家是上海的一个大资本家，也不知道怎么跑到郓城去的。最后就把俺俩撵走了。”然而在剧团并没待多久的李艳珍却引起了一个人的注意。这人是团里的老生演员郭庆凤，他觉得以李艳珍的先天条件，如果不唱戏简直是巨大的浪费，所以决定以一己之力帮她学出来、红起来。于是在李艳珍被剧团清退回家后，他便说服李艳珍的母亲，同意让李艳珍成为他的私人徒弟，随后郭庆凤便从剧团辞职，开始带着李艳珍闯荡江湖。

郭庆凤一路带着李艳珍走过了不少地方，找过不少剧团，但是由于每个剧团都有自己相对固定的主演和底包，所以即便聘用他们，轮到他们上台的机会也是少之又少。后来，李艳珍跟随郭庆凤来到了河北境内，投奔到梆子演员张桂花所在的剧团。一开始，郭庆凤想让李艳珍先在这个剧团里跑跑把子、当当龙套，但各地有各地的规矩，什么事情都不是这个外来人能够左右的。李艳珍记得在那个剧团“跑把子也不让我跑。因为我是私人徒弟，人家是公家的，就不叫干。而且在那个团里跟着人家吃饭还得拿生活费，我就觉得老在那里混日子，让人家原来剧团的人看不起。后来我实在受不了了，就和老师提出来要走。”老师郭庆凤见李艳珍要离开，自然是不答应。二人东奔西走的这段日子里，李艳珍的吃、住一应花销都由郭庆凤承担，他本想亲手调教出一个唱戏的好苗子，哪能就这么轻易放弃。因此一怒之下，郭庆凤照着李艳珍的屁股就是一顿痛打，想以此让她收了要走的那份心思，乖乖留在自己身边唱戏。岂料李艳珍年纪虽小却是个犟种，寻思着自己从小都没大挨过家里大人的打，怎么就让一个外人白白打了一顿，一时委屈又气恼，哭了差不多一整天，越想越气之下，便下了逃走的决心。

第二天，李艳珍独自一人偷偷踏上了回家之路。路途中有一条大河需要搭乘渡船，年纪尚小的她上了船后，看见脚下湍急的河水非常害怕，所幸路遇好心人，才一路有惊无险。回忆当年的情景，李艳珍说："那时候我是真遇到好人了。上了船以后，我看见那么多水特别害怕，就紧紧薅住旁边一个人的衣襟。他就和我说：'妮，你不用害怕，我领着你。'然后他就领着我，问：'你上哪里去啊？'我说'我上于楼。'他问：'于楼有亲戚啊？''于楼是我姨家。'那人听后，就答应把我送到于楼。"下船之后，这个好心的陌生人将李艳珍一路领到于楼。当二人在村里一通问来找去，终于敲开了李艳珍姨妈家的大门后，见到亲人的李艳珍满腹委屈一下子爆发出来，抱着姨妈就哇哇大哭。等哭过一阵，她才想起那个送自己回家的好心人，可人家早已不见了踪影。时至今日谈起这件事来，李艳珍仍心存愧疚。想着那样一个外表看起来平平常常并不像富裕人家的陌生人，出门大概是为忙生计的，却因为担心着一个素不相识的小姑娘，怕她独自一人在行程中出事，就专程送她回家。而当年的自己只想着个人的委屈，都没有请人家进家来歇歇脚、喝口水，甚至没说一句感谢的话，真是不懂事。后来，李艳珍听说郭庆凤发现自己不见了以后，遍找不见，差点急出病来。也难怪，孩子的母亲把孩子托付给他，就这么突然丢了，可怎么交代才好。一直到郭庆凤打听到李艳珍已经跑回了亲戚家，才算终于松了口气。

不久，李艳珍回到了自己家中。看着面前 4 个等着吃饭的孩子，母亲又开始发愁，家里没有固定的经济来源，总靠变卖那点家底显然不是长久之计。这期间，母亲的一些首饰，"今天卖个翠疙瘩针，明天卖了银簪子，再卖个小戒指什么的"已所剩无几。思来想去，母亲觉得三女儿和四儿子年纪还小，只能待在自己身边。大女儿已经懂事，又是家里的帮手，并且工作也好、嫁人也好，反正很快就能看到希望，还是只有李艳珍这个十岁出头的二女儿是可以送走，让她自己去找碗饭吃的。可是到底送到哪里去，能既让人放心又让孩子吃饱饭，则成了让母亲发愁的一件事。这时，家里一位远房亲戚听说了李艳珍家里的状况，就向李艳珍的母亲提出要抚养她，并且承诺要让她上学。听说能够继续上学，母亲当然愿意，于是就让这位亲戚把孩子领走了。

李艳珍记得那一次去的地方“离城有十八里路，叫张营”。“到了那里，他也不提让我上学了，就把我摁到地窨子里让我学纺棉花，还有织布这些。在地窨子里学了大概有一个礼拜，我就不干了。我想：说好了让我来上学的，怎么就干这个？纺棉花能有啥出息。然后，我就偷偷跑出他家。还好我的二奶奶娘家也是那里的，我跑到二奶奶家，问她：‘你什么时候回郓城，我跟你走吧。’二奶奶问我：‘你在这好好的，跟我走干什么？’我说：‘我不在这儿了，我得回家。’后来也没告诉那家亲戚，又跟着我二奶奶，拖拖拉拉地跑了十八里路，回到了郓城。”

说到李艳珍童年时的这两段逃跑经历，原因都是“受不了”。或许连她自己都没有意识到，这其实正是她倔强个性的显露。李艳珍的第一次逃跑，主要是因为受不了沿途只是跟着老师一个又一个戏班过路性地混日子，在她看来，这样既学不到正经东西又得不到人格上的尊重。而最后貌似严重的“挨打”一事，实际上只不过是她个性爆发的导火索而已。第二次她从十八里外的亲戚家逃回家，并不是因为吃不饱——在自己家里她其实也经常吃不饱；或者因为干活累——天性好动的孩子几乎很少会叫苦叫累，同样是因为学不到东西。所以这两次逃跑，多半是她天生不会成为听话而平庸的乖乖女，才做出的“受不了”、不甘心之举。

鉴于这段逃跑故事的主人公是个只有十岁出头的小姑娘，不由使人感慨，这个小姑娘在她任性行为的表象下，其实是多么富有自我的主见和果断的行动力。成年之后的李艳珍，貌似已被生活打磨得安稳而沉静，甚至根本无法与当年那个“受不了，就逃走”的女孩联系在一起，然而在她的言谈举止间，仍然能够辨析出与自我主见一脉相承的思想独立与为人坦率。比如她在学习柳子戏之初，对于跟着男旦学习表演的看法；比如她在已经成为柳子戏名家后，依然直言“比起唱戏，其实我更喜欢上学”的直率；再比如她在成功塑造了众多端庄贤淑的大家闺秀形象后，还能够坦陈自己更喜欢的人物，其实是花木兰那样的女中豪杰或者英武的刀马旦角色……当然这些立体而丰满的个性，都要通过对李艳珍成长道路的了解才能逐渐形成印象，而通过这些印象，我们才会明白，那个起初并不是特别喜欢唱戏的女孩，又何以能够成为柳子戏第一代女演员中的佼佼者。

## “真有出息，当了戏子”

还是在母亲准备让李艳珍报考县梆子剧团之前，就曾经去找过李艳珍的爷爷商量。母亲觉得，虽然李艳珍的父亲、叔叔和一个姑姑都去了台湾，郓城仅剩的爷爷和小姑与她们母子也来往不多，但李艳珍毕竟是李家的血脉，在这种决定孩子日后道路的事情上，还是有必要征求一下李家长辈的意见。当母亲专程找到李艳珍的爷爷，提出想让孩子加入剧团时，爷爷却坚决表示不同意。但若要他拿个主意，自顾不暇的爷爷又实在没有什么好办法，只能面对一脸为难的母亲，生气地丢下一句：“我现在管不起你们饭了，也管不了那么多。真有出息，当了戏子！”此后，便和她们母子断了来往。而后来李艳珍成为柳子戏演员，又恰好在爷爷家附近演出时，每逢有人招呼老人：“你孙女的戏来了，看看去吧！”他也回答得很干脆：“不看不看！”

如果说爷爷对李艳珍从艺的不满，是源自大户人家、书香门第的李家后代中，出现了“下九流”的戏子而感觉有辱门庭的旧思想，那么这个决定对于李艳珍的母亲来说，其实也是无数个没办法中的选择。另外在母亲准备让李艳珍学戏之前，家族中已经有过先例——一个和李艳珍年龄相仿的姐妹去了梆子剧团，因此母亲没想到爷爷还会对这个决定大发其火。然而更让她没想到的是，就连这个选择实施起来也并不顺利。李艳珍先是因为家庭成分过于复杂被梆子剧团清退，又在几次被送出后逃回家，看起来似乎连“戏子”都当不成。万般无奈之下，整天里里外外忙着操持家务的母亲一时无暇顾及，就只能先让李艳珍继续留在家“白吃闲饭”。

这期间，有一天李艳珍去附近一位阿姨家串门，恰好有位柳子戏演员也在那里，他就是郓城县工农剧社的黄玉才。黄玉才见李艳珍长相乖巧、活泼伶俐，就问她：“你想学戏吧？”李艳珍回答说：“俺不行。”“为什么？”“俺家庭成分不好。”黄玉才显然是相中了这棵苗子，就说：“不怕不怕，这几天工农剧社招柳子戏演员，你去那边考考吧。”听完这话，李艳珍起初并没有放在心上。之前她曾看过柳子戏的演出，知道那时候柳子戏中的女性角色都由男旦装扮，这在天性爱美的李艳珍眼中觉得扮相不好看，姿态也不优美，所以并不太喜欢。第二天，她只是觉得反正闲着没事干，不如去凑凑热闹，才一路逛到了工农剧社。谁知就是这次偶然，让她结下了与柳子戏一生的情缘。

谈起自己迈入郓城县工农剧社的那一天，李艳珍记忆犹新。她说：“那时剧团的人看见我就问：‘你会唱戏吧？’‘我会。’‘你会唱什么呀？’‘我会唱梆子。’‘你还会唱什么？’‘我还会唱四平调。’他们说：‘哎，过来过来，你唱唱吧！’我就站在那儿唱，唱完一段又一段了，最后唱完了，就听见他们议论说：这个小妮行。你看她两个大眼睛，准得出个好演员……这个时候，那些来考试的也考完了。我就等于唱了几段，免考进来的剧团。接着，就让我回家打行李，开始跟着剧团出发了。”

就这样，在1956年的寻常一天，李艳珍正式成为县柳子剧团的一名演员。这个变化对于李艳珍的家庭来说，是解决了一个人的吃饭问题；而对于她个人来说，则成为她性格发生转变的开始。那时候，念书成绩还不错的姐姐报考了卫生学校，本想学出护士专业好参加工作来补贴家用。结果仅仅因为家庭出身不好，就被直接告知不予录用，甚至连考试卷子都没有经过批改。相比于隐忍的姐姐，小时候的李艳珍不但活泼好动还伶牙俐齿。每当别人说起她家是地主时，她都要反唇相讥："地主地主，地的主人才是地主来。俺家没有地，俺不是地主！"，有时还会和人家吵上一架。加入工农剧社后，母亲开始反复叮嘱李艳珍：咱家庭出身不好，要少说话、少惹事。同时，她曾经自由散漫又不乏任性的童年，则开始被忙忙碌碌的学戏演戏和东奔西走的集体生活所取代。自此，她在成长中慢慢变得沉静寡言。

虽然在之后的几十年里，柳子戏一直是李艳珍工作的全部和她生活中的重要部分，但是她在学习柳子戏之初，却绝非一帆风顺，甚至有一次还差点再次"逃走"。

"柳子戏曾被称为'九腔十八调，七十二咳咳'，或称'难哎哎'。也有人说：'唱一曲【驻云飞】，能走七里路'。形容它的腔调复杂冗长。另如【一江风】曲，号称'二十四板一江风'，唱起来拖腔达三分半钟，因此有'学会一江风，坐着站着都哼哼'之说。"[①] 柳子戏俗谚中，也有"八句【娃娃】七句【莺】，二十四板【一江风】"之说，是指柳子戏的

① 纪根垠：《柳子戏简史》，中国戏剧出版社1988年版，第178页。

【娃娃】和【耍孩儿】曲牌，句式为“三、三、二”段体，共八句；【黄莺儿】曲牌为七句段体；【一江风】曲牌则字简腔繁，需要二十四板。因此，柳子戏这种烦琐的声腔固然因曲调婉转多变而动听，于初学者来说却有着相当大的学习难度。对此李艳珍坦言：“我刚学柳子戏的时候，觉得太难了，第一个曲子怎么也学不会，这就想走，不想干了。”而产生这个想法时，距她进入郓城县工农剧社才只有十多天时间。然而这一次，她的“逃走”意图却没有机会付诸实践。李艳珍说，就在这个时候，“可能因为我在梆子剧团学了点东西，稍微有一点点基础，剧团这里又缺人，就决定让我上台演出。记得是让演一个丫鬟。他们问我：‘你行不？’我那时不是胆大吗，就答应了。老师给说了说，现学，也就是刚学会就上台了。当时连过门和到前场该做什么动作这些都不知道，可我一点也不害怕，站到台上就这样演下来了。”这一演，竟然就持续了几十年。

如果说，是家境的败落将原本没打算成为演员的李艳珍推向学戏和演戏的道路，那么这一次，则是柳子戏的舞台终于留下了这个有着良好天赋的女孩。在李艳珍看来，这是命运的安排，也是她生活的转折点。为此，她由衷地感慨：“我这一辈子，真是到了柳子剧团才开始稳定下来！”

# 二、新芽初绽

在柳子戏的近代发展史中，直到新中国成立前后，女性角色还全部由男演员扮演。因此 1956 年郓城县工农剧社招收新学员时，包括李艳珍以及现在同为柳子戏国家级传承人的李松云等在内的多位女学员，就自然成为柳子戏的第一代女演员。

当年工农剧社对第一代女演员的培养，还停留在简单的学戏、唱戏传统方式，缺少较为系统的基础训练。多数情况下是让男旦老师简单带一带，就让她们跟着演出走，几乎是学一点、会一点、演一点。这样的学习途径，使得年轻的学员们多数需要依靠自身的天赋来适应舞台，并且还需要逐步地在艺术实践中获得技艺的进步和艺术上的成长。李艳珍就是在这样的情况下，以进团短短十几天后的一次登台演出为开端，逐渐在舞台上的摸爬滚打中显露出新一代柳子戏女演员的风采。

## 边学、边练、边演

在李艳珍的记忆中，她加入郓城县工农剧社前观看的柳子戏演出并不算多，其中几出由男旦演出的传统戏给她留下的印象，就是“光唱”。加上演出条件的简陋，化妆和服装又不怎么讲究，基本谈不上有什么舞台美感。这也是当年尚未体会到柳子戏妙处的李艳珍，最初并不愿意学演柳子戏的主要原因。后来，山东省戏曲研究室的导演尚之四给工农剧社排戏期间也谈到，柳子戏的风格就是音乐和演唱，并且认为：“柳子戏之所以吸引观众，重要的部分是音乐部分，观众感觉与别的剧种不同、有特点，就是这个唱腔、音乐方面。这个优势我们应该发挥并且发展它，千万不能削弱它，如果把优势变成劣势，那是我们自己走失败的道路！”[①] 李艳珍在加入工农剧社之初，先是跟着李冠德先生学习散曲演唱，有几次，她被柳子戏繁复的曲调弄得心烦，觉得自己怎么也学不会，可是慢慢地，随着对这些曲调越来越熟悉，她开始琢磨出了其中隽永的韵味，也慢慢爱上了柳子戏的音乐和曲调。

那时工农剧社对新招收的这些女新学员实施的是集体教学，因而李艳珍一直没有固定拜师，剧社的许多老演员就成为她们共同的老师，其中也包括几年后和她在《孙安动本》一剧中有过珠联璧合合作的黄遵宪。这样过了一段时间后，剧社的领导觉得对于新学员的教学，还是应该有针对性地分别施教较好，于是就根据李艳珍的个人条件，将其分配到青衣演员徐金明的名下。虽然有了相对固定的老师，但由于剧社常年频繁演出，演出的剧目又常变化，师生之间并不能完全以一对一的教学

① 王殿基主编：《尚之四的导演艺术》，山东文艺出版社1997年版，第208页。

为主，多数情况下老师们的职责并不明确，学员们的学习则需要视整个剧社演出的剧目来确定。而条件比较全面的李艳珍在实际演出中担纲的行当，自然就无法局限于青衣。

传统柳子戏的旦行，分为青衣、红衣、闺门旦和老旦。其中青衣出演的多为性情稳重的成熟女性，如《白兔记·兴围》中的李三娘、《霄霆庙》中的孟月华；红衣又叫红衫子，即小旦或者花旦，如《凤凰山》中的孙秀娘、《三道芭蕉扇》中的罗刹女，还包括丫鬟一类的年轻姑娘角色；闺门旦顾名思义，以出演待字闺中的大家闺秀为主，如《玩会跳船》中的白月娟、《游西湖》中的贾玉蓉。这几类传统柳子戏旦角行当，除老旦之外，李艳珍均常有演出。而在20世纪五六十年代戏曲现代戏兴起期间，入行不久的李艳珍所扮演的角色又自然而然地扩展到现代女性领域。另外，由于她天资聪颖、勤奋好学再加上身体条件好，对于旧时柳子戏男旦以唱为主的演出方式亦有所开拓，出演过一些颇见功力的刀马旦角色。

初登舞台时，李艳珍饰演的多是一些小角色，比如她在加入剧社十几天后的第一次登台，饰演的就是《北国赴宴》中的一个小丫鬟。正是这场演出，让她“觉得挺好玩的”，随后，便“要么移植戏、要么传统戏，学一个演一个，差不多每天都是三四场戏，就一直这样演了下来”。

谈起当年学戏、演戏的过程，李艳珍感受最深的主要有几点：一是那时随剧社参加演出的剧目，以移植戏和传统戏居多。这是因为经过加工整理后的移植戏内容和形式都比较新颖，所以更受观众的欢迎。剧社为顺应观众的需要，就从外剧种移植了不少剧目。相比之下，传统戏虽然也演了不少，仅经常演出的就有《大拉墓》《小拉墓》《包公错断》《火焰山》《白云洞》等，但是“不经过改编的不大受欢迎”，所以基本是和移植戏穿插着进行演出。这样一来，就使李艳珍总处于“要么移植戏、要么传统戏，学一个演一个，都没仔细数过演过多少出戏”的状态。二是正经学戏的时间好像总是不够。“就没有哪个老师能坐在那里完完整整地给我教上一出戏。”当然，这主要因为李艳珍总忙着演戏，“那时候是一个台口接着一个台口，去了以后化上妆就演，晚上卸了妆再去别的地方，第二天接着赶戏。一天三场也好、四场也好，就是在舞台上蹦跶，除非天下雨，没法开锣了，不能上台演出了，这个时候才能静下来跟老师学点东西。差不多有两年时间，都是这样早上化上妆一直到晚上才卸掉。”三是觉得无论学戏还是演戏，都说不上有多正规。比如传统戏教学，一般就是老师教给学员曲牌怎么唱之后，就没时间再过问学员练没练，到演出时直接上。教一出新戏，也只是“告诉你先站在这儿，一会再走到那边站着，然后和谁说什么”这样的简单走位，并没有正规的“拉场子”排戏。而戏里一些具体的内容，比如人物的性格和行为动机等等，都由学员自己来琢磨。谈到此处，李艳珍感叹道：“那时候没有导演，就说排一个戏吧，只是几个老艺人凑一凑，说说这个地方该唱个什么曲，那个地方又唱个什么曲，这样对起来就是一出戏了。现在多规矩、多讲究啊，又是导演又是作曲，又是专门的各种设计。所以那个时候是要自己用心去琢磨的，我就是这样，纯粹是在舞台上慢慢练出来、磨出来的。”

## 小演员，挑大梁

自从李艳珍她们这批十几岁的女学员被招收进工农剧社后，以往柳子戏舞台上的男旦就逐渐被这些青春亮丽的小姑娘所取代。虽然初期她们只处于边学边演的状态，无论演唱还是表演都显得稚嫩和生涩，但毕竟是给当时剧社的演出增添了新鲜色彩。再加上当年柳子戏演出最受观众欢迎的部分，一是演唱，二是武打，做、表甚至剧情什么的都不太重要，因此，这些初时大多只能在舞台上扮演些小角色的年轻女演员们，即便有的还没学会就匆匆上台，观众也会报以宽容的一笑。

回忆起自己当初青涩的演技和曾经在舞台上的懵懂，李艳珍说："我那时候连一些基本的程式动作，比如拿枪、拿刀什么的都不会，还真在台上出过笑话。有一次我演一个跟班的，本来是要耍一下枪有个亮相的，可因为之前没学过，就随便一拿，结果让人家笑话说：'你这个枪头怎么往下呢？'还有一些戏是之前唱腔唱腔不会，道白道白不会，动作动作也不会，就那么学一场上台演一场，下来一场马上再接着学，再接着上台。那么短的时间哪能全记得住啊，可就是这样临时学的也得让戏演下来，更别说有的时候上台时还得拿着枪、扎着靠，简直就是硬来。"至于在演唱中忘词的情况，当年也时有发生。李艳珍记得，"有一次演《斩李钦》就闹了笑话。那时在台上有我一段唱，可才唱了两句就忘词了，只能光哼腔。也是觉得观众就是听个调，好多人不大听词，就这样糊弄着，这样哼着哼着就到了'快板'了。'快板'没点词可不行啊，我就想起什么唱什么，现编词吧，最后这段戏自己都不知道怎么唱下来的。"

说起来，曾经舞台上的失误本应是一位表演艺术家讳言的过去，但李艳珍却并不这样认为。她觉得，正是这些明显的不足成为督促她不断学习和进步的动力。每当自己在表演中出现过一次失误后，她就会认真看别人怎么做类似的动作，怎么样做又才能好看。而在出现忘词时能"糊弄着"让戏正常演下来的情况，则自然要归功于她的表演天赋。

不得不说，正是这些天赋，让李艳珍在进入工农剧社仅半年就进入到主要演员的行列。当时，剧社准备排演传统戏《凤凰山》，决定启用新招收的年轻女学员来担纲剧中的一个主要角色。《凤凰山》又名《三喜合》，讲述的是宋朝时庞更一家遭奸臣陷害，妓女孙秀娘放庞更逃走，自己却被押解进京。途中，凤凰山寨主红金定（又作洪金定）将其救下。最后，庞更未婚妻鲁瑞莲女扮男装得中，庞与三女相聚的故事。当时剧社准备让学员出演的角色，正是红金定一角。这个角色不仅需要会演唱，还需要会一些身段表演，对于刚入行不久，没有多少成熟演出经验的学员们来说，显然算是不小的挑战。但当剧社领导问到李艳珍时，她却凭着一股"胆气"答应了下来，并且顺利完成了《凤凰山》的演出。

在进入剧社一年后，李艳珍又正式挑起了大梁。1957年，工农剧社新排演了《金鳞记》①，年仅15岁的李艳珍被安排饰演剧中的女一号鲤鱼精（即金鲤）。其后到1959年的短短两年时间内，她则分别在柳子戏传统剧目及历史题材剧目中塑造了《抱妆盒》中的寇珠、《三盗芭蕉扇》中的罗刹女、《借年》中的爱姐、《三县并审》中的魏素贞、《五姑娘》中的五姑娘等艺术形象，并且主演了《刘介梅》《除四害》和《战鼓催春》等现代戏。期间，她于1957年因演出《小借年》获得郓城县戏曲汇演青年奖，于1958年因演出《除四害》获得菏泽地区戏曲汇演一等奖。

作为柳子戏第一代女演员以及第一位在演出中挑大梁的女演员，李艳珍不仅只是依靠着自己的天赋，显然还有着一股"初生牛犊不怕虎"的闯劲儿。通过密集的舞台历练她得以迅速成长。那段时间，一个礼拜排一出戏是家常便饭，甚至"三天也排过一出戏"。这对于一位刚开始学习柳子戏不久的女孩来说，当然绝非易事。比如当时为配合政治形势，剧社曾排演过《战鼓催春》一剧。"那是晚上上完夜戏以后，开始排的这出戏。现在想想，都不知道脑子怎么换过来的。"其实在很长一

---

① 参见前文《上篇·戏品之承·老艺人资历，新演员思想》。

段时间里，李艳珍都是这样一个新戏接着一个新戏的学，之后连轴转着演出。她也承认，“虽说我在生活中有时比较胆小，但在舞台上胆特别大。不会的时候、忘了的时候又能怎么办呢，总不能晾在台上，所以遇到这种情况我就‘瞎编’，也就是仗着胆子大让戏演下去。”

在出现小故障或者忘词的情况下“让戏演下去”，其实是舞台演员应该具有的职业能力。这种随机应变的能力于具有相当舞台经验的老演员来说或许是基本素质的一种，然而对于登台不久的小演员来说，却难免因为紧张常不能应付自如。若以这样的角度来看待当年初出茅庐的李艳珍，她还确实天生就是为舞台而生的“材料”。李艳珍年龄虽小但闯劲儿十足，舞台经验虽少却不怵在观众面前表演，并没有因为哪里不会就愣在台上断了戏，甚至能凭着一股机灵劲儿，弥补忘词的尴尬。这样的素质和能力，曾经让李艳珍迅速成长，而多年以后，她又把自己的经验传授给新一代演员。她曾告诉过自己的学生：“如果在演出的时候出现了万一，你忘了戏，记得不要轻易停下来，要自己想办法弥补。你想想，你是在前场演出，因为忘了词或者说错就停下来观众能愿意吗？再说你这一停也会影响下面的戏啊，所以一定要想办法先让戏走下去，不能愣在台上。”

李艳珍的这股闯劲儿，除了胆大当然还离不开不怕吃苦。初时被归为柳子戏青衣行当的李艳珍，在15岁时挑梁主演了《金鳞记》，剧中由她饰演的鲤鱼精有不少武打戏份，而作为一个并没有受过系统表演训练，更谈不上武功基础的年轻演员来说，这一角色是具有相当难度的。在不长的排戏时间里，李艳珍只能一边跟着剧社的武打老师现学，一边挤出时间来苦练。最初，她连耍剑的手势都不得要领，而她手中的那把剑虽只是道具，但多少也有些力度，练着练着，她的手上就被划出了不少小伤口。等到演出时，因为有这些伤口，李艳珍连化妆和洗脸都无法自己完成，只能由别人代劳。还有剧中的一段滚刀，看起来非常危险，其实也是由剧社的武功老师亲自示范后，她自己一遍又一遍练出来的。就这样边学边练，李艳珍心里慢慢对武打动作有了一点底，再加上胆子大，才成功完成了《金鳞记》的演出。

1959 年，郓城县工农剧社调省成立山东省柳子剧团，省文化局委派省京剧团的王魁官来柳子剧团教授武功，李艳珍算是开始进行正规的武功训练。王魁官发现李艳珍的身体条件比较好，身子轻，特别适合练刀马旦，就教授给她《白蛇传·盗草》《挡马》和《扈家庄》三出京剧刀马旦戏。这几出戏里，既有基础的起霸，也有一般的打出手，还有一定难度的踢枪，都是李艳珍在柳子戏男旦前辈那里没有学到的东西。她就在繁忙的演出间隙——基本是在下了夜戏，吃完饭后先跟老师学，然后再挤出时间苦练。直到把自己从一个没有武功基础的小演员，练成了舞台上能文能武的全能型年轻旦角演员。

## 难为了小孙妻

《孙安动本》是新中国柳子戏的代表剧目，也是柳子戏名家黄遵宪的代表作，同时，它还是黄遵宪和李艳珍这两位首批柳子戏国家级代表性传承人最为著名的合作剧目。这出整理改编自柳子戏传统戏《徐龙打朝》的剧目，其旧本中的孙安之妻只是一个性格并不突出的陪衬人物，而在《徐龙打朝》时期，饰演剧中孙安夫妇的一直是柳子戏名净张春雷和一位男旦演员。1959 年山东省将这出戏列为整理改编的重点剧目并更名为《孙安动本》后，启用了几位青年演员，其中最主要的，就是由 27 岁的黄遵宪饰演剧中孙安，由年仅 17 岁的李艳珍饰演孙妻。从而在完善剧目的同时，极大地推动了该剧人物形象的重塑。

提起当年的小孙妻，李艳珍说："那个时候确实是缺人，团里的几个青衣我就算年纪比较大的，那才真是没办法，是瘸子里面拔将军，让我来演的这个角色。"的确，从如今留存下来的该剧第一版影像资料——拍摄于1962年的戏曲艺术片《孙安动本》来看，当时尚不满20岁的"孙妻"虽然于举手投足间演出了一位夫人的做派，但在剧中一家三口的重场戏，也就是孙安进京面圣欲参倒权奸张从，被昏庸的小皇帝驳回后，当晚在岳父家书房准备动本，此时孙妻携子进来，从想劝说孙安不要动本到最终支持他动本的一场戏中，那个领着一个半大小子走进书房的孙妻，脸上依然难脱稚气。如果不靠服装和步态而只看这一对"母子"的两张面孔，简直就像一起走进镜头的两个孩子。

面对当年尚处于少女时代的演员李艳珍与《孙安动本》中成熟、端庄的孙妻在形象上的差距，大家一直想方设法将二者拉近。一个最主要的手段，是通过化妆和服装增加李艳珍的年龄感。李艳珍记得在拍摄《孙安动本》电影时，"光是化妆就拾掇了好多次。我自己画的妆、包的头他们嫌年龄太小，不像个夫人。后来专门请来一位京剧的化妆师给我包的头。化的妆当时我也不喜欢，脸显得那么大。"再看看影片中孙妻的面妆，差不多就是该贴片子的地方不怎么贴，尽量让脸多露出一些，然后整个脸妆是一反常态地往下走。确实经过这样"拾掇"后，画面里的小孙妻看起来比她领着的"儿子"能显大那么一点。另外，由于李艳珍的体型较为瘦小，拍摄电影时就在她身上裹了好几圈布，好让她能够显得胖一点、成熟一点。但即便是这么一番折腾，剧组里还是有人叫李艳珍"小夫人"。而她自己，则一直在演技上努力克服着这个"小"。

《孙安动本》中孙妻领着儿子进书房的一刻，是最容易暴露李艳珍年龄，也是最容易让她显得不自然的段落。这其中，除了她和饰演儿子的演员本身年龄就相差不大这一外表因素外，更多是由于年轻的李艳珍缺乏生活阅历，不知道怎样扮演一位母亲。而恰巧这出戏的导演，又是以严厉著称的尚之四，为此在《孙安动本》长达三年的修改和演出过程中，李艳珍没少挨导演的批评。但正是在导演的“难为”之下，她也得到了难得的进步。在邵冠武撰写的《〈孙安动本〉编导浅探》一文中，记录了李艳珍与导演尚之四合作的感受：“凡被尚之四排过戏的人，都领教过他的‘厉害’。扮演孙妻的青年演员李艳珍，当时才十八岁。她第一次登台仅是个过场戏，没有一句台词。就这一个普普通通的过场，竟被尚之四打回去三次。她不知错在哪里，急得直掉泪……李艳珍在回忆这段历史时说：尚之四不是不教你形体动作，在你实在做不出时他也亲自示范。然而他更多的是在启发你，让你充分发挥自己的潜能，理解人物，带着感情演戏。后来大家都了解了尚之四的禀性和导演方式，便不再被动地让尚之四教，而是主动地去琢磨自己扮演的角色，多设计方案，让尚之四挑选。”①

对于李艳珍在演戏方面的能力、潜力乃至不足，导演尚之四其实心中有数。他曾说过：不要去看李艳珍演得很熟的戏，她容易“滑”，就看她半生不熟的戏最好。这样的戏，她最认真也最容易进戏。然而李艳珍这个“容易进戏”的优点，却在拍摄戏曲艺术片《孙安动本》时差点成了麻烦。回忆当初，李艳珍说：“拍（《孙安动本》）电影的时候，因为我来戏比较快，导演一提要求就来了，还真不大行。就像我给孙安送药，他不吃，我回头看着孙安流下泪来的那段戏。当时导演一说我就理解了，回头的时候眼泪就跟着往下掉，可就是没拍成。最后拍了几遍，泪都快哭干了，咋启发也哭不出了，只好滴的眼药水。”李艳珍对这件事情的自我评价是：“所以我不适合一遍一遍反复，还是适合跟着情绪

① 王殿基主编：《尚之四的导演艺术》，山东文艺出版社1997年版，第103—104页。

走”，这一评价，又似乎与尚之四所说的她在演熟戏时的“滑”，不谋而合。

## 好一台《玩会跳船》

差不多与《孙安动本》同期，李艳珍主演了同样是由尚之四执导的《玩会跳船》，这出脱胎于柳子戏传统剧目《龙舟会》的整理改编剧目，一直是李艳珍的主要代表作之一。

关于《玩会跳船》的初始，柳子戏老艺人出身的黄遵宪在他撰写的《谈〈玩会跳船〉的导演手法》一文中，有以下记录：“1959 年 5 月排完《孙安动本》，尚导演随团从济宁回到济南继续工作。出于丰富上演剧目的需要，动员柳子剧团内部展演传统老戏。可以说是‘翻箱倒柜’。为了调查到古老剧种传统表演的真面貌，尚导演要求演员原样表演。其中，就展演了《龙舟会》一折。由演员郑兰亭、孔繁奇、李永秀分别饰演丫鬟云霞、小姐白月娟、书生萧文勤。传统本的内容比较庞杂，有不少的低级庸俗表演，尽管担任角色的都是男演员，有些‘特殊’的表演动作都还不好意思做戏。”①

尚之四在谈到柳子戏的继承传统与革新发展问题时所举的例子，也正是这出《玩会跳船》。他谈道：“咱这个柳子戏呀，你必须承认它是个古老剧种，而且是几百年的历史。都是人传人，难免有传讹的时候、有传漏的时候、有学不到家的时候，也有忘记的时候等等半拉不略的时候……你要把柳子戏看作……好像挖掘出来的一个古董，像博物馆里的古物一样，有残缺不全的地方，有破损的地方……都是被后人修补了

① 王殿基主编：《尚之四的导演艺术》，山东文艺出版社 1997 年版，第 134—135 页。

的。像咱们排的那个《玩会跳船》，你没看那个原始的，是个很低级下流的一个剧本啊！用一句话说：不堪入目啊，但是你也不能因为这个把它否定了。搞柳子戏的人啊，必须有入地三尺的本事，看到它的破损的一面，就能想象出它原来有价值的一面，所以这就带来了发展的问题。”① 正是本着这样的指导思想，《玩会跳船》才会在戏曲工作者的精心“修补”下焕然一新，成为一出具有新思想、新意识的新中国柳子戏。

整理改编后的柳子戏《玩会跳船》剧情大意为：白郎中之女白月娟随亲乘舟，途经杭州。正值端阳佳节，白月娟携侍女云霞至钱塘江畔观赏龙舟竞渡，巧遇书生萧文勤，一见钟情。后二人在人流中被挤散，萧文勤拾得月娟凤钗。云霞前来寻钗，文勤将凤钗奉还，并题诗扇上，托云霞转交月娟。月娟遂主动柬约萧文勤过船相会。明月船头，二人共缔百年之盟。该剧在改编过程中，将旧本《龙舟会》中的人物进行了重塑。其中，将原来的好色公子哥萧文勤改为老实、腼腆的一介书生；将束缚于封建礼教、性格被动的闺阁小姐白月娟，改为勇敢追求爱情的充满青春活力的活泼女性；旧本中帮助小姐拿主意的大丫鬟云霞，则成为天真直率甚至带着一点傻气的可爱丫鬟。这样一来。整个剧目就从一出以男性角色萧文勤为主的哗众取宠的陈旧才子佳人戏，重生为一出以女性角色白月娟为主的表现自由恋爱主题剧目。从而以明显有别于传统旧剧的新鲜感，呈现出清新流畅的风格和鲜明的时代气息。而更重要的是，《玩会跳船》启用了三位完全没有旧剧“包袱”的柳子戏新一代女演员进行表演，分别由 16 岁的许凤云饰演萧文勤，17 岁的李艳珍饰演白月娟、18 岁的杨宝荣饰演云霞，既符合剧中人物的年龄和形象等外表界定，又非常有利于真实自然地塑造人物。

① 王殿基主编：《尚之四的导演艺术》，山东文艺出版社 1997 年版，第 206 页。

著名京剧表演艺术家梅兰芳在观看柳子戏《玩会跳船》之后，有着如下评价："这个戏的舞蹈、唱腔，优美动人，几位青年演员的基本功夫都不错，扮白月娟的李艳珍，扮萧文勤的许凤云，扮云霞的杨宝荣，字眼清楚，步法、身段都有准地方。一般爱情小戏里，女子往往处于被动地位，而白月娟却主动地柬约萧文勤过船见面，表现出大胆反抗礼教的性格，同时给人的印象是活泼鲜明，而没有庸俗低级的气味，可以看出，这个戏是经过一番慎重加工的。"[①] 这一评价，即是对这出戏改编成功的充分肯定。

《玩会跳船》剧照。从左至右：李艳珍饰演白月娟、杨宝荣饰演云霞、许凤云饰演萧文勤（1959 年）

虽然受技术手段的限制，使我们无缘目睹当年李艳珍在《玩会跳船》中的风采，只能借由几张剧照，来联想那一台的青春靓丽和生机勃勃，但是通过发表于 1959 年 11 月 24 日《戏剧报》的余仲华评论《喜看柳

① 梅兰芳：《东柳重青》，原载 1960 年 11 月 29 日《人民日报》。转引自山东省柳子剧团、鲁信柳子剧团编：《柳子戏史料汇编》，中国广播电视出版社 2003 年版，第 271 页。

子戏两个青年演员的表演》，或许可以一窥不满20岁时的青年演员李艳珍，是怎样塑造全新的白月娟这一人物形象的。余仲华在文中写道：

……这戏里的白月娟，被描写成一个端庄、智慧、勇敢、调皮的富有叛逆性的形象。她爱上了忠厚、纯朴的书生萧文勤后，她是爱得那么的大胆、明朗和不计一切。

白月娟初随云霞上场，心情是欢娱的，与云霞合唱四句【昆调步步娇】："龙舟会上景万千……"，演员李艳珍掌握住了明快而跳跃的节奏，很好地表现了"十八岁初离香闺，都只为家教谨言"的白月娟的小鸟出巢般的心情；更假借帮腔和声的润色，有力地点染了白月娟的欢悦情绪和钱塘江畔的节日气氛。但人物的情绪很快就有了转变。接着白月娟一人独唱【越调山坡羊】："人如织，仕女万千，徒惹我意懒心烦。良辰美景奈何天，感芳华似水流年。……看人家成双结伴，白月娟形只影单！"这时她的情绪低落了，对云霞说："咱们回去吧！"云霞舍不得走，还要啰唣，白月娟又说了一句："唉，回去吧！"在刚出场的数分钟内，就要表达角色感情这样显著的突起突落，对一个青年演员来说是有困难的，但李艳珍比较圆满地完成了这个任务。李艳珍不仅借重于曲调和自己的歌唱感情的变化，还通过动作节奏和眼神的变换来表现。在唱第一个曲调时，李艳珍的动作虽然有些跳跃和显得兴奋，但却是明快的，头部和眼神都比较灵活；等到轻轻地"呀"了一声之后，动作便遽然凝重起来，虽然唱着第二个曲调："人如织，仕女万千……看人家成双结伴……"，眼神和头部却比较呆滞。这一直要等到她爱慕的书生萧文勤上场，情绪才又有一起。李艳珍表现这个一起一落又复一起，层次是比较清楚的。

白月娟自爱上萧文勤后，就一直保持着明快的节奏和乐观的情绪了，并且随着她对萧文勤的表示爱意和束约，还逐步地加重了勇敢、智慧和调皮的色彩。比如在拥挤的会场上，白月娟不止一次地故意去碰一下萧文勤，由于演员掌握得好，只是表现了白月娟的勇敢和调皮，而并未给人以轻佻的感觉。等到第三场萧文勤要跳船时，白月娟除了勇敢和调皮外，更进一步地表现了她的智慧。比如她对云霞大声嚷着："云霞，向那一书生去说，咱老爷下船拜客去啦，老太太在后舱打盹哩，千万别叫跳咱的船。"可是扶在云霞左肩上的一只手却在云霞背后向着萧文勤轻轻招手；云霞要用船篙去打岸上的萧文勤，白月娟在背后帮着举篙，却把船篙直往萧文勤手里送，暗示萧文勤扶篙跳船，最后并用力一拉，帮助萧文勤跳到了船上。在表演这样一些充满喜剧性的动作的时候，李艳珍都表演得很纯真、很自信，并不腼腆、矜持，也没有跳出角色而作出一些过火的表演。似乎并不是在"偷情"，虽然饱含深情，但也有些像孩子们在做游戏，连她自己也感到很有趣。这就把这个人物跟《西厢记》的崔莺莺作了明显的区别。她们虽然都是宦门之女，但白月娟比崔莺莺显然要稚气得多，同时前者的人物塑造还带有不少民间色彩。①

迄今为止到底演过多少场《玩会跳船》，恐怕连李艳珍自己都难以数清。仅在这个戏最初演出的1959年到1960年间，该剧就曾在济南

① 山东省柳子剧团、鲁信柳子剧团编：《柳子戏史料汇编》，中国广播电视出版社2003年版，第274—275页。

交际处为毛泽东主席演出，还进京为刘少奇、周恩来、朱德、邓小平等党和国家领导人演出。期间，梅兰芳、马少波等诸多文艺界专家、学者观看过《玩会跳船》，全国各地观看并且喜爱这一剧目的观众更是数不胜数。在北京公演后，中国京剧院的江新蓉[①]等人，更是喜欢到将这出柳子戏完整地学了下来。李艳珍还记得："之前京剧移植《孙安动本》的时候，好像就是江新蓉演的孙夫人。后来他们彩排《玩会跳船》的时候，尚之四导演还带着我们几个人去看。唱的就是柳子戏，不过用的是一个男小生。"

1984 年，中国艺术研究院专程拍摄了《玩会跳船》录像，终于为这出剧目留下了宝贵的影像资料，而此时饰演白月娟的李艳珍已年过四旬，剧中的萧文勤和云霞也更换了演员，分别由张玉芝和杨玉荣扮演。

这次影像记录下的白月娟，在于学剑撰写的《表现闺门女子的古典美——李艳珍〈玩会跳船〉的表演》一文中给予了很高评价："从人物形象来说，她（李艳珍）准确地刻画出白月娟这个闺门小姐内含青春，外示娴静，一身灵韵的气质风貌。准确地完成了剧本赋予这一人物的在羞涩含蓄中，大胆追求爱情的心理与行动。"[②]对于录像中已届中年的李艳珍与剧中正值妙龄的白月娟之间的年龄差距——被于学剑称为"代差"的处理，他评论道："她（李艳珍）处理'代差'的方式，据我看，是她对白月娟这一人物侧重表现其含蓄的一面，把人物的青春灵动纳入含蓄的气质风度里。封建礼仪制约下的闺门小姐，多有含蓄庄重的一面，对这方面适当加重，有其合理性。这样，在戏曲固有的欣赏演技的审美心理的宽容下（这种宽容是有限的），使观众有意或无意地忘记了

---

① 著名京剧演员。1955 年经周恩来总理介绍，成为京剧表演艺术家程砚秋先生的第一位女弟子。

② 于学剑：《表演艺术评论》，中国文联出版社 2000 年版，第 331 页。

其‘代差’，沉浸在她的人物与表演中。”[①]

然而在李艳珍心中，最难忘的依然是自己的第一台《玩会跳船》。她觉得录像时自己年纪大了，和角色有了差距；还觉得之前已多年没有出演过白月娟，并由此对这一角色有了些生疏；另外，新换的搭档也有些缺少磨合。回首当年，她却并不愿多谈论自己，而是再一次谈到了导演尚之四。她说：“尚导演有时候骂人很厉害，我最害怕他。他要是在台下看我演戏，我一眼看见他，这个戏准演不好。”在最初排练《玩会跳船》时，就出现过这样的情况。当年，尚之四就坐在台下导戏，年轻的李艳珍每次出场时因为害怕他，就会下意识地向他所坐的方向瞟上一眼。这一眼，在尚之四看来是极不专业的表现，但是无论怎么提醒她不要这样做，都会令李艳珍越来越紧张，总是改不掉。后来，尚之四在李艳珍的眼神刚要瞟过来时，突然冲着她大喊了一句：“你看我干什么，我是你爹啊！”就这一声，吓得李艳珍再不敢有那个下意识的眼神，自此更加专注于舞台。

所谓严师出高徒，如今的李艳珍认为：“导演严格要求就是不错。让演员愿意干什么就干什么，那样的导演我觉得不行。如果没有尚之四的严，柳子戏的好多戏都出不来。那时候《孙安动本》《玩会跳船》几个有名的柳子戏都是尚之四排的。还有好几个上北京的戏也全是他排的，就是‘文化大革命’时看着他、管着他，也还得用他导戏。他排戏是真好、很厉害，人也厉害。我那时就觉得他咋那么凶啊！吓得我一看见他就害怕，就是平常不演戏，我在台下看见尚之四导演也马上就溜，但是跟他学到的东西可真不少。”

至于如何看待《玩会跳船》中的白月娟，李艳珍的回答则有些出乎

① 于学剑：《表演艺术评论》，中国文联出版社 2000 年版，第 333 页。

意料。她说："其实我想演的是戏里的丫鬟（云霞），我觉得小姐（白月娟）太温。那时候可能觉得我的自然条件更适合小姐，就让我演了。那时尚导演给我们说了这么句话：这三个人物都差不多，都很重，看谁演得好谁就是第一。"此外，对于《玩会跳船》是她的成名作这一"公认"的说法，李艳珍认为，"不能这样说，我没有什么成名作。我只是通过《玩会跳船》，学会了怎么演戏。"

# 三、戏酽人清

李艳珍说自己学戏的过程，“都是偷了别人和别的剧种的”，再有，就是“自己慢慢摸索着，在舞台上摔打出来的”。具体一点，“基本是跟这个剧种学一点，跟那个剧种再学一点，然后化在自己身上的”。的确，从她塑造的舞台形象来看，似乎没有可以归类的定式，甚至连行当，也是青衣、闺门旦、花旦样样驾轻就熟。而如此这般的缺乏定式，不仅成就了李艳珍塑造人物的丰富性和多样性，还在之前柳子戏男旦缺乏表演程式的情况下，通过她不断将借鉴、学习到的东西化为己用，最终开创出一派柳子戏旦角的表演风格。对比于此，日常生活中的李艳珍却是另一番模样。她简单、寡言；不认人、不记事；既在与人交往时缺乏长袖善舞的情商，又是不太会处理家务的生活“低能儿”。这种处世为人的淡然与她倾心于柳子戏事业的业精于勤形成了强烈反差，更使李艳珍成为唯一的自己。

## 博采众长，化为己用

作为具有开拓意义的柳子戏第一代女演员，李艳珍和她的同伴们除了势必要推动剧种的发展和创新，还必须肩负传承剧种传统的重任。对此，李艳珍一直有着清醒的意识。她觉得："我们柳子戏的唱腔是很有特点的，一听就和别的剧种不一样，我认为这是它最大的特点。表演方面吧，我还真说不大出来有什么很特别的东西。当然也有一些动作可能比较有代表性。像'前拾钱''后拾钱'这都是原来的老传统，还有比较特别的'小云手'和'猫洗脸'，像这样一些柳子戏表演上的老东西，我都继承下来。这毕竟是个根。"

此外，李艳珍认为柳子戏旦角的表演存在着程式不够规范的问题，因此在学习表演的过程中，必须要结合演出实践，给出自己的理解和判断。她说："柳子戏的表演方面呢，花脸比较突出，比较有特点，这个特点主要是演员的特点。你像张春雷，他的东西其实其他演花脸的也没有，都是他自己的东西，也就形成了他的特色。旦角方面呢，原来尽是些男旦，唱的比较多，并不很讲究表演身段什么的，所以我就跟几个老师光学个路子，其他的都是从外路一点一点学，再学一点化一点，最后化在自己身上的。"谈到这一点，李艳珍不禁结合自己多年的实践，生发出一些感悟。比如说到手的动作，她认为："像过去都是男旦的时候，因为男同志的手比较硬，手上的动作也是硬的，你就不能完全学他。和老师们学的时候，我就会稍微变变，让它更柔软一点、更好看一点。再有云手之类的动作，我是这样认为的：你哪个演员用得恰当，比较好看又比较恰如其分，就成为这个演员的特点了。并不是说老师这样做一个，我就一模一样照样来一个，完全照搬，还要看这个云手放在这里做得合不合适，尤其还得看符不符合剧中人物的需要。”正因如此，每当李艳珍在接受一个新的角色时，都会结合剧目的内容来琢磨人物性格，并以此为依据来塑造人物，即便对于移植的剧目，也不会做到生搬硬套。

其实要真正做到这一点，最主要的，就是要做一个有心人。李艳珍在柳子戏表演方面的有心，一是反映在她所具有的不那么循规蹈矩的独创精神。比如对于跟老师学戏，她是这样理解的："学戏的时候，肯定要让老师指导。但是一般指导时就是说说戏，给你讲讲哪个地方做得不够，应该加强；哪个地方又做得太多了，应该减一些东西。老师不可能全部给你亲自表演一遍，也不可能每一个动作都具体给你设计，大部分是得靠演员自己鉴别、自己琢磨。我觉得演员都应该自己会琢磨，不能说有程式就一点不变。你比如说，京剧的程式很规范，但是梅兰芳、尚小云、荀慧生、程砚秋他们，不也都是根据自己的特点改变了一些才有了自己的流派吗？"

李艳珍对于表演的有心，还反映在她"不怕人笑话"的处处"偷师"，以及对学以致用的灵活把握。她提道："拍《孙安动本》电影的时候，正好有一个少数民族的剧团也在那儿拍电影——好像是羌剧团，我就在旁边看。看到他们有一个画圈的动作挺好看，我就跟着做，然后学了下来，后来自己演戏的时候就用上了。"而令李艳珍念念不忘的，更有田菊林老师对其表演上的辅导和帮助。在排练《玩会跳船》时，剧团曾邀请到昆曲演员田菊林来为几个青年演员进行形体和身段的辅导，使她们受益匪浅。田菊林出身于昆曲世家，其父田瑞亭为北方昆弋班著名笛师，早年曾为昆曲大王韩世昌伴奏。田菊林自幼随父学习昆曲，16岁挑班后红遍京、津、沪、鲁等地，同时，她还是北方昆曲界的第一位女性旦角演员。而这，正与李艳珍柳子戏第一代女演员的身份有着一份巧合与惺惺相惜。1960年，山东省文化局筹备成立山东省鲁剧院，拟在山东地方戏曲剧种的基础上先混后化，创立“鲁剧”，特聘任田菊林担任教学和导演工作。这期间，因李艳珍聪慧好学，田菊林便集中教授给她不少规范的戏曲基础程式动作，这些东西后来都被李艳珍活学活用，成功地运用到各色柳子戏旦角形象的塑造中。

在李艳珍的学艺生涯中，虽然自学自练的部分要远远多于师从的部分，但她却认为自己从每一位老师身上都学到了不少东西。她的这些老师，有民间艺人、有戏曲教师，还有其他剧种的演员，而最著名的一位，当属位列京剧“四大名旦”的京剧表演艺术家尚小云先生。

1962年，李艳珍所在的郓城县工农剧社已调到济南成立山东省柳子剧团，恰逢尚小云先生准备到济南收几位弟子。当时李艳珍正在滕县忙于演出，本无缘成为尚先生的弟子，不料，尚先生却提出想看看柳子戏的演出，剧团就把李艳珍和整个剧组临时调回济南，为他演出了一场《红罗记》。《红罗记》是一出柳子戏传统剧目，剧情大意为：少年英俊的西秦武将常大利因升任西府参军，引起主管太监武介的嫉害之心。一日，武介将常大利灌醉，抬到公主于桂春演武厅中，欲借公主之刀杀之。所幸大利之嫂苏桂真为公主近侍，及时发现了演武厅中的大利后将其女扮男装，欲送出宫。不料，公主突至，大利躲闪不及，只能面对其盘问。言谈中公主爱大利才貌，收为“义妹”又引入后宫深谈。大利终于说出实情，并以红罗为聘与公主缔姻。最后，大利之兄大本率兵前来，公主于桂春登台点将，杀死武介，与大利及其叔嫂同归南朝。李艳珍在《红罗记》中饰演的是公主于桂春。就是这样一个敢爱敢恨的女中豪杰式人物，让文武双全的尚小云一眼相中了李艳珍，并指名收她为弟子。

要说李艳珍的这次拜师，又是尚小云先生本次山东收徒中最为特殊的一例。尚小云那次在山东收了不少各剧种弟子，几乎所有弟子参加的

李艳珍饰演《红罗记》中的于桂春（左一，1963 年摄于西安）

都是集体仪式，大家鞠个躬就算拜了师。独李艳珍一人是在济南交际处端端正正地给尚先生磕了个头，正正规规行了拜师礼。当时因为李艳珍不怎么会磕头，还是正在山东省京剧团工作的尚先生之子尚长麟亲自教给她规矩的。第二年，李艳珍随山东省柳子剧团到西安演出，正好师父尚小云也在当地，就现场对她演出的柳子戏《红罗记》进行了辅导，还在西安找了家照相馆，为李艳珍拍摄了几张宝贵的剧照。而从师父尚小云身上，李艳珍不仅学到了一些京剧表演程式的精髓，更大的收获，则是开阔了艺术视野，懂得了学无止境。

李艳珍饰演《玩会跳船》中的白月娟(1963 年摄于西安）

对于如何将学到的东西更好地化为己用，李艳珍认为："老师的东西应该继承，再根据自己的条件变一变，然后才能成为自己的东西。我这样说不是看不起传统，而是想更好地传承好的传统，同时适应改变。比如说现在我们只是按照当初男旦老师教的原始唱腔演唱，肯定也不会和过去完全一样。就说不算男声已经换成了女声这个原因，在学唱过程中因为演员条件不同等原因，一定听起来还是会有变化的。再比如我跟师父尚小云学习，也不是完全照搬他的东西。他的一些表演用在京剧上挺适合的，可能拿到柳子戏就不一定适合，有的地方，还是离我们这个剧种有点远的。”此番言语，透露出李艳珍不盲从的独立思想和她自我审视的鉴别能力，当这些落实到她的舞台实践时，则同样是鲜活的。很多看过李艳珍演戏的人都会感叹：李艳珍的身上怎么这么漂亮！这种“漂亮”，其实正是她在独立思想和鉴别能力之下，博采众长，化为己用的结果。

## 从“驾着两船进京”到一曲千古“琵琶”

对于李艳珍来说，1959 年似乎是一个新的事业起点。这一年中，她主演了两出至今在柳子戏剧种史上仍难超越的剧目——《玩会跳船》和《孙安动本》，分别在两剧中成功塑造了白月娟和孙妻的艺术形象，并由此成长为一位舞台上的“大演员”。而若以郓城县工农剧社调省成立山东省柳子剧团为分界，她在省柳子剧团参演的剧目就有数十余出。

1959 年到 1965 年间，除主演上述两出剧目外，她还饰演过《包公错断》中的柳金蝉、《红罗记》中的于桂春、《抱妆盒》中的寇珠、《春草闯堂》中的春草、《百花亭》中的杨贵妃、《江姐》中的江姐、《三回船》中的王秀花等。

1965 年到 1975 年期间，她演出过现代戏《白毛女》《龙江颂》和《铁流战士》等。

1976年至1988年期间她塑造的角色，有《花木兰》中的花木兰、《十五贯》中的苏戍娟、《三凤求凰》中的蔡兰英、《琵琶遗恨》中的赵五娘、《卧龙求凤》中的黄月英、《金箭梅》中的赵梦云、《费姐》中的费姐等等。这些剧目中，既有整理改编的柳子戏传统剧目，又有新编和移植的历史剧，此外，还有一部分现代戏。其中不少剧目及其剧中由李艳珍塑造的艺术形象，已成为柳子戏的经典。

李艳珍饰演
《江姐》中的江姐

李艳珍饰演
《十五贯》中的苏戍娟

李艳珍饰演《金箭梅》
中的公主赵梦云

在省柳子剧团期间李艳珍演出的现代戏中，最为人熟知的是《三回船》。1965年，由李艳珍和黄遵宪主演的《三回船》，与莱芜梆子《送猪记》(又名《一口猪》)，和吕剧《两垅地》一起，参加了山东省小戏演出队的进京演出。当时，有不少戏剧名家到场观看了这三出号称为“一、二、三”的山东现代小戏，并给予高度评价。李艳珍记得，那时全国正掀起学雷锋的高潮。演出结束待观众退场后，演员们顾不得卸妆便忙着帮助剧场工作人员打扫卫生。此时，著名戏剧家马少波和夫人江新蓉特意找到正在扫地的李艳珍，亲切地问候道：“李艳珍，你带着两船进京[①]，不简

① 指《玩会跳船》和《三回船》。

《春草闯堂》剧照。左为李艳珍饰演的春草，右为汤秋金饰演的胡进

单呐！”自此，李艳珍的“两船”就在戏曲界有了些名气。而这一古一今的“两船”，则预示着她的事业正在劲头十足地扬帆起航。

除了传统和新创的柳子戏剧目，李艳珍对自己演出过的几出移植剧目也有着比较深刻的印象。比如《春草闯堂》是她演出时间较长的一个剧目。这出戏是20世纪60年代中期李艳珍结束了在西安的演出回到济南后，团里通知她要排练演出的。由于当时李艳珍正不停奔波于各地舞台，甚至记不得这出戏最初移植自哪一个剧种，只记得它原来的剧名叫《假婿乘龙》。

柳子戏《春草闯堂》演出后，颇受观众欢迎。然而不久，随着“文化大革命”开始，这出戏便被搁置一旁。“文革”结束后，山东省柳子剧团又学习移植了福建省的莆仙戏《春草闯堂》并演出了一段时间，同样受到广大观众的喜爱。

莆仙戏传统剧目《春草闯堂》又名《邹雷廷》，是一出情节比较繁杂的剧目。柳子戏在对其进行移植改编的过程中精雕细琢，赋予了新意，使之成为一出生动活泼的讽刺喜剧。该剧剧情为：相府小姐李半月与丫鬟春草于进香路上受到吏部尚书公子吴独侮辱，被薛玫庭解救。吴再次作歹时又遇薛玫庭，被其打死。薛玫庭到府衙投案。吴独之母杨夫人为报子仇，欲逼迫知府胡进将薛立毙杖下。春草闯上公堂为薛辩理，被胡进驳回。春草无奈间巧生一计，冒认薛玫庭为相府女婿，诓骗势利小人胡进就范。胡进果然以救下薛玫庭向李相国邀功，不料遭相国否认，并修书命其将薛的首级解京。春草和小姐得知后，用计篡改书信。胡进遵信，一路彩旗锣鼓送“相国之婿”薛玫庭进京，令李相国骑虎难下，不得不认薛为婿。《春草闯堂》中的春草是全剧的核心人物，她聪明勇敢、机智活泼，是一个充满劳动人民智慧的不畏权势的小丫鬟。这样一个角色，有如清风般带着轻松、欢快的气质，不但在表演上给予李艳珍极大的发挥空间，还由此成为她最喜爱的角色之一。

20 世纪 80 年代移植自河南豫剧的柳子戏《花木兰》，是另一出让李艳珍印象深刻的移植剧目。这出戏之所以让李艳珍难以忘怀，是因为剧中她不但第一次穿起了厚底靴，而且在表演中还运用了不少刀马旦的舞蹈身段。说起将豫剧《花木兰》移植改编为柳子戏的过程，俨然是一个全新的创作过程。李艳珍说：“那时候就是到河南看了一场演出就回来了，实际上好多东西都是变了的。我们也就是光看看他们的路子，细的没法学。比如武打，谁能一看就能记住那些动作？所以回来以后，我们大多是根据人物重新编排的。”她还特别提到，戏里边有一段花木兰和父亲花弧比剑的情节，就几乎全部是由饰演花木兰的李艳珍和饰演花父的黄遵宪，两人一招一式地共同琢磨出来的。而当时柳子剧团演出的很多移植剧目，都是这样大力依靠于演员们的艺术创造来完成的。

说到这里，似乎不得不重提一下李艳珍身上的武功。从郓城县工农剧社时期她主演《金鳞记》时的初涉武功，到剧社调省后从王魁官老师那里学到的《盗草》《挡马》《扈家庄》三出京剧刀马旦折子戏，李艳珍学习武功的过程显然并不系统。并且就连上述三出武功折子戏，也因为李艳珍总是忙于演出无暇练功，学的并不完整。“比如《挡马》学会了但没演出。《扈家庄》学了一半，就服从团里安排去演戏了。《盗草》差不多也是学了一半”。但由于李艳珍当年学得确实比较用心，还是给自已打下了一定的武功基础，到了排《花木兰》时，她终于觉得："原来学的那点武功算是都用上了，觉得真没白学。"

1982年，山东省柳子剧团排演了根据古典名著《琵琶记》改编的《琵琶遗恨》。关于该剧的改编，纪根垠有如下评论："原著的主要精华，是通过赵五娘因丈夫赶考三年未归，为孝敬公婆暗地吃糠，祝发买葬，描容上路等故事情节，塑造了一个具有中华民族固有的孝亲美德的民间妇女形象。自明代初年演出以来，影响甚大，具有一定的现实教育意义。但是原著的宗旨，在于宣扬'全忠全孝'的封建道德规范，正如作者高明所云：'不关风化体，纵好也徒然。'因而在原著中作者着重颂扬'一夫二妇，旌表门闾'，'有贞有烈赵贞女，全忠全孝蔡伯喈'。改编者试图对原著反其意而用之，为突出反封建的主题，重新安排了人物关系和个人命运。把牛丞相处理成封建卫道者的代表，为扩充势力，请下圣旨，强招新科状元蔡伯喈为婿。致使赵五娘含恨而死，牛小姐怨恨身亡，蔡伯喈抱恨还乡，酿成一部千古遗恨的悲剧。"[①]剧中由李艳珍饰演的赵五娘，是改动较大的人物之一。《琵琶遗恨》中的赵五娘，在保留她恪守传统美德，孝顺公婆的行为基础上，从时代出发，增加了这一人物性格中反抗不合理封建制度的一面。剧中运用误会表现手法，让赵五娘误解丈夫，将一腔怨恨发泄在原本对爱情忠贞不渝的蔡伯喈身上，从而展现出人物刚强的个性特征和对自我解放的追求。该剧的悲剧结局，更是进一步突出了表现忠贞不渝爱情和抗争封建礼教的主题。

对于该剧的表演，吴乾浩在他的《别样新翻又一曲——喜看柳子戏〈琵琶遗恨〉》一文中写道："以古老的柳子戏来搬演古典名著，是极为适宜的。清雅而有韵味的多种曲牌体唱词，在表现赵五娘、牛小姐、蔡

① 纪根垠：《柳子戏简史》，中国戏剧出版社1988年版，第243—244页。

《琵琶遗恨》剧照。李艳珍饰演赵五娘

伯喈各个阶段有变化的感情方面发挥了充分的作用，规整而富有形式美的身段动作能够把最细微的情绪变易诉之于眼目。希望柳子剧团在演出实践中不断改进，不断提高，把更多的古典名著有计划地搬上舞台，日新其业。”① 而柳子戏《琵琶遗恨》确实也得到了各方的认可。在1982年山东省戏剧演出月上，该剧编剧李愉干、刘加林获得了剧本改编奖，张玲获得了导演奖，饰演赵五娘的李艳珍和饰演蔡母的李淑云获得优秀表演奖，饰演蔡伯喈的汤秋金、饰演牛小姐的李松云和饰演牛丞相的黄遵宪获得了表演奖。

至于李艳珍在该剧中的表演，赵文彬在其发表于1983年11月13日的《东柳一萃》一文中评论道：“而今李艳珍人到中年，她的歌唱及表演艺术，更趋向成熟。1982年她在山东省戏剧月会演中，成功地塑造了《琵琶记》② 中的赵五娘。细致地刻画出赵五娘的温存、善良的性格和历尽艰辛奉养公婆的美德。她的表演风格，含蓄、深沉、淳朴、真挚。尤其是演唱，更有自己的特色。本来，柳子戏的演唱要求及其特点是：‘小旦唱的颤巍巍，小生唱的云上飞，青衣哎哎水上漂，花脸横磨声如雷。’而李艳珍在《卖发》一场中唱的‘昏沉沉天远黄泉近，凄惨惨连连丧双亲’的一段，却如泣如诉，感人肺腑，真是唱情不离味，唱味为达情，由于她唱作俱佳，荣获了山东戏剧月的优秀表演奖。”③

《琵琶遗恨》之后，山东省柳子剧团又紧接着于1983年移植演出

① 纪根垠：《柳子戏简史》，中国戏剧出版社1988年版，第245页。

② 原文如此，应为《琵琶遗恨》。

③ 山东省柳子剧团、鲁信柳子剧团编：《柳子戏史料汇编》，中国广播电视出版社2003年版，第467页。

《卧龙求凤》剧照。李艳珍饰演黄月英

了《卧龙求凤》。该剧主要表现了诸葛亮以才取人，与聪慧多谋但相貌丑陋的黄月英（黄阿丑）结成志同道合终身伴侣的故事。剧中由李艳珍饰演黄月英，汤秋金饰演诸葛亮，李淑云饰演嫂子，黄遵宪饰演黄月英的父亲黄承彦。剧中黄月英这一人物，与《琵琶遗恨》中的赵五娘虽同属青衣行当，但人物性格却迥然有别。前者才华横溢、性格奔放，后者隐忍刚强、个性沉重；前者貌丑心慧、后者美丽深情，而这两个时间相差不久，又同由李艳珍塑造的艺术形象，却分别以各自独特而丰满的个性，显现出独特的风采。从而不由得使人赞叹：李艳珍真是一位擅于塑造人物的好演员！

## 台下“骄娇二气”，台上“巾帼”豪气

从十几岁入行到人到中年，李艳珍在舞台上塑造了一个又一个光彩夺目的艺术形象，反观生活中的她，却显得安静寡言。这种习惯的养成，其实直接来自母亲早年的一句叮嘱。就在李艳珍随郓城县工农剧社即将调入省会济南前，母亲曾郑重地对她说：“祸从口出。咱们出身不好，要千万千万注意，不要多讲话！”自此，这句话便成了李艳珍的紧箍咒和她背负的无形压力，时刻提醒着她，也让她养成了不敢说话甚至不愿说话的习惯。李艳珍说从前的自己很少说话，“从‘文化大革命’以前就老老实实，叫演出就演出，叫干什么就干什么。可整天不说话，又让人光批评我孤僻、政治上不开展，很多次生活会我都是重点。”

那时的李艳珍除了因为家庭出身的魔咒而“政治上不开展”，被批评最多的个人问题还有“骄娇二气”。所谓“骄气”，是说她自认为演出多、上台多，就养成了骄傲情绪，摆出一副“大架子”，不理人，更不爱和人说话。这个评价对李艳珍来说，简直是天大的误解。她的不理人，其实就像很多生活上比较马虎的人一样，是对记人、认路这一类事情，天生不擅长。“就比如我今天看见你，明天可能就不认识了。再有我也不大会正眼看人，不像人家会盯着人看到底长什么样。经常差不多一打眼招呼一下就行了，很可能见面不多就记不住人。人家就为这说我大架子，实际上我不是故意的，是真的想不起来。”至于“娇气”，则是批评她的举止有小姐脾气。

年轻时的李艳珍比较瘦弱，身体素质并不太好，但由于她很小就成了“台柱子”，因此常年处于奔波演出的状态，“差不多四五天就要换一个台口，每天要演出两三场戏”。再加上那时的生活比较清苦，饮食不太规律，频繁的演出强度和无法得到保障的饮食就让年纪轻轻的李艳珍得了胃痉挛。1959 年进京在冶金部演出，1960 年到合肥演出，还有 1966 年在西安演出时，她都犯过胃病，有时甚至疼的不得不打上一针安定才能上场。尤其是在西安演出时，她因胃疼五六天吃不下东西，晚上却依然照常演出。

身体不好和从小养成的挑食习惯，让李艳珍“坐实”了地主兼资本家小姐的“娇气”，对于这一点，她明白是自己“受了家庭的累赘。谁让家里还有好几个人去了台湾呢”。然而让她不明白的是，她的一些日常习惯为什么会成为被批判的靶子。“像以前我走路的时候就练功，都是一边走着一边比画，没老实过。有人就嫌我扭扭捏捏。还有破‘四旧’的时候，说我手上老是兰花指，要破这个。可我就是不自觉地把手指头翘起来，自己都不知道。”而年轻时她申请入团的过程，更让李艳珍深深体会到出身不好所受到的歧视。她回忆道："你说青年人哪有不要求进步的？那时候我也知道自己出身不好，所以写了入团申请书但不敢往出拿，就塞在枕头里，有好多份，差不多塞了一枕头。我的老伴老郭也是我们团的，年轻的时候他是剧团的团支部书记。那时候他知道我想入团但不敢说，也没什么办法。后来我当了青联委员，开会时数着我年纪小，好多人都叫我'红领巾'。有一次，团委的一个书记问我：'这么好的一个青年为什么不是团员？'我当时就哭了。他说：'你哭什么？把你们的书记叫来。'就把老郭叫到南郊宾馆了解情况。老郭心里明白，只能光笑不吱声。他回到团里后又让我写了份入团申请，结果还是不了了之。我就想反正没人管我，我自己又没有那个勇气，就算了吧。不过后来好了，我入了党。"

比起曾经受过的各种委屈，那段最让李艳珍身心倍受伤害的日子，其实才是她人生的低谷。她记得："那时候大字报就在你头上：'警告你李艳珍，只许老老实实，不许乱说乱动。"之前虽然没少挨批但从未被禁止演戏的李艳珍，也因为被扣上了"现行反革命""修正主义黑苗子""资产阶级臭小姐"和"三名三高"的帽子被迫赋闲在家。她说："原来领导不让早结婚，叫青年人签字晚婚，我签的是 30 岁。后来'文革'来了，没人管了，我 26 岁就结了婚。"

李艳珍有一儿一女，女儿出生于 1968 年，儿子出生于 1972 年，都是在'文革'期间。李艳珍记得，女儿出生不久她刚从医院回到家，大喇叭里就传来了批判她的声音。当时，身为"地主分子"的母亲根本不可能从老家赶来帮助李艳珍，她既要上班又要照顾孩子，还得时时承受针对自己的批判声音，为此李艳珍甚至想过，还不如被关到牛棚，起码能有时有会儿地定时被批判。

"文化大革命"时期，山东省柳子剧团和全国其他所有艺术表演团体一样，只能演出移植样板戏等革命现代戏，当时头上戴着好几顶“帽子”的李艳珍是没有资格来参演这些剧目的，因此，她一度被迫离开心爱的舞台，改为在剧场打灯光。然而由于李艳珍的演技早已得到公认，即便在当时的情况下，仍有不少人盼望着李艳珍重返舞台。

这期间，省柳子剧团移植排演了革命现代戏《白毛女》，聘请到山东艺术学院的安世英前来辅导。他见演员中没有李艳珍，就提出让李艳珍饰演剧中的喜儿，还明确表示：“李艳珍不上戏，我就不排！”就这样，团里派人找到李艳珍，叫她马上写一份参加某革命组织的申请上交。一小时后，李艳珍被接受为这个组织的战友，并得到了参演《白毛女》的机会。不久，山东省柳子剧团带着新排演的柳子戏《白毛女》选场，与省京剧团和省吕剧团共同进行了一台演出，演出结束后，包括李艳珍在内的演员们和许多观众一致认为，柳子戏移植的这出样板戏，丝毫也不输于当时具有现代戏演出优势的京剧和吕剧。可让人没想到的是，在剧中扮演女主角喜儿（白毛女）的李艳珍却引起了一些人的注意。就在山东剧院的排练现场，李艳珍被硬硬地换下，理由是“我们犯了大错误，又叫这个黑线人物重新活跃在舞台上了。要把她拉下来！”

李艳珍说自己当年“千真万确地贯彻着要求我的那句话——‘只许老老实实，不许乱说乱动’”，然而对于如何改掉自己身上的“骄娇二气”，她却似乎有些力不从心。甚至直到今天，她爱美的天性和对生活细节的不善料理，仍然会让人觉得她是有些“娇气”的。同时，她处世的淡然与喜欢安静独处的生活方式，看起来又确实有些骄傲之气。

“娇气”的李艳珍喜爱美的事物，并且对自己要求完美，但是她的爱美却与那个追求朴素的年代显得有些格格不入。1959 年山东省柳子剧团演出《孙安动本》《玩会跳船》等剧目期间，为制作说明书需要几位主演的生活照，李艳珍拍摄的那张照片，就曾经被人批评为“太洋气”。此外，李艳珍还为自己年轻时演出的一些剧目没有留下影像或者剧照而感到遗憾。她说：“那个时候其实有很多照相的都想找我拍照片，还都是免费的，生活照也好剧照也好都可以，可是我出身不好，所以不能随便拍。在西安拍的那张和四个宫女一起的《红罗记》，还是看我老师尚小云的面子。是他在辅导那个戏的时候觉得画面很漂亮，请照相馆来拍的。”再有就是因为缺钱，有些剧目连一张剧照都没有留下。李艳珍提到，山东省柳子剧团一度下放到菏泽期间演出过一出现代戏《铁流战士》，李艳珍饰演新四军女指导员向华。剧中有向华头戴八角帽、腿上打着裹腿，一身英武戎装的跑马表演——每到这段，团里很多人都会互相招呼着跑到台下“看李艳珍跑马去！”剧中，还有她穿着大红的蒙古袍、戴着蒙古帽，到蒙古族群众中做工作的情节，“几身衣服都挺漂亮，里面的动作也都挺好看，应该留下几张剧照的。可那时剧团条件有限没有钱，我自己经济上也实在转悠不开……如果当时能拍下几张多好。”

“太洋气”的李艳珍便装照（1959 年）

说起《铁流战士》中那个充满英武之气的新四军女指导员，李艳珍的遗憾远非只是没有留下影像那么简单。其实在她的内心，一直住着当年那个“受不了，就逃走”的有主见的性格倔强小女孩。这一点，从她喜欢的角色类型上，便可窥见一斑。

李艳珍饰演过的角色虽然涵盖青衣、闺门旦、花旦和刀马旦各个类型，但大家却习惯根据她姣好、大方的外貌，很容易将其归类于擅演青衣和闺门旦之类性格端庄、稳重的角色。而她自己，不但曾明确表示过相比起《玩会跳船》中她所饰演的大家闺秀白月娟，自己更喜欢的是剧中丫鬟云霞那样的活泼花旦，还在问及她自己最喜欢的角色时，给出了这样的答案："要说我演过的这些人物比较喜欢哪一个，我真是说不大上来。如果仔细想想，好像更喜欢《花木兰》或者《三凤求凰》那类的，就是女扮男装的。我觉得那样能放得开，有发挥余地。像拘拘束束的小姐或者很温柔的那种我其实不是很喜欢。"

"文革"结束后，山东省柳子剧团移植改编了几出新编历史戏上演，这其中，就包括李艳珍比较喜欢的《花木兰》和《三凤求凰》。《花木兰》一剧取材于南北朝乐府诗《木兰辞》，柳子戏演出本移植改编自红极一时的豫剧《花木兰》。由常香玉主演的豫剧《花木兰》曾被拍摄成戏曲电影在全国上映，剧中的一曲《谁说女子不如男》至今广为流传，并成为豫剧的代表性经典唱段。《花木兰》的情节大意为：北魏时期，在北方游牧民族不断南侵的社会背景下，青年女子花木兰自愿女扮男装，代替年事已高又体弱多病的父亲奔赴沙场，为保家卫国征战。多年后，立下赫赫战功的花木兰凯旋回朝，皇帝因其功高赦免她欺君之罪，花木兰恢复了女儿身，返回家乡孝敬父母。正如上文所说，这出戏是山东省柳子剧团的几位主演赴河南现场观摩了一场豫剧演出后，回团攒出来的。剧中的花木兰女装时由闺门旦应工，在剧情中占相当大比重的以男装扮相从军部分，则需要演员同时兼具刀马旦的武功功底和细腻的心理活动表演。这些对于已有丰富舞台表演和角色扮演经验的李艳珍来说当然不是什么难事，最困难的反倒是武将扮相时穿着厚底靴上台表演的经历，让李艳珍感觉到："之前，咱演旦角的没有穿过这种厚底，猛的一穿简直都不会演戏了，可花木兰还有些舞蹈和马趟子什么的，演起来是比较累的。"但是貌似"娇气"的李艳珍却觉得花木兰是一个能够让自己在舞台上得到舒展，同时又能将之前学到的武功施展出来的充满全新挑战

《花木兰》剧照。李艳珍饰演花木兰

的角色，因此，她骨子里深藏的闯劲儿被这个角色“勾”了出来，继而以不同于自己以往在舞台上塑造的众多端庄温婉角色的表演方法，完美诠释出英俊潇洒的巾帼英雄花木兰在柳子戏中的形象。

《三凤求凰》是另一出李艳珍比较喜欢的剧目。这出改编自香港电影的柳子戏有着引人入胜的曲折情节和紧凑节奏。剧情大意为：明朝，礼部尚书蔡仁礼之女去镇江金山寺还愿时偶遇书生徐寅，二人一见钟情。徐寅为伺机与兰英相会，进入蔡府充当书童。不料蔡母将兰英另许昌文俊，兰英不从，女扮男装逃出家门。兰英因路遇盗贼，被巡按周德仁救下，认作“义子”。后兰英赴京赶考，与徐寅、昌文俊一同得中，又共同到蔡府迎娶蔡兰英，引出一场闹剧。最终，蔡兰英巧妙地将自己嫁与心上人徐寅。《三凤求凰》中的蔡兰英是一位聪慧而敢于追求自由爱情的大家闺秀，她不但外表美丽，并且兼具端庄贤淑和果敢潇洒的气质。剧中这一人物女扮男装的部分，因是小生扮相同样需要穿着厚底靴进行表演。所以，这出戏便成为李艳珍所说的“我就演了这两个比较难的戏”中的另一出。此外，虽然同为有大量女扮男装戏份的角色，《三凤求凰》中蔡兰英却与“安能辨我是雄雌”的花木兰截然不同。她的男装与花木兰相比，少了一份英武，多了一份秀美，并且人物性格还带有些许喜感。而李艳珍扮演的蔡兰

《三凤求凰》剧照。左为李艳珍饰演的蔡兰英，中为张贵银饰演的蔡仁礼（1983 年）

英，不但很好地演绎出人物的秀外慧中和略带顽皮的气质，更是将一个虽非巾帼英雄但有着不输于男子学识智慧的封建社会青年女性，塑造得光彩照人。

## “艳珍啊，你除了演戏还会啥？”

柳子戏名家李艳珍是在戏台上磨炼出来的，也是在塑造众多形色各异的角色过程中磨炼出来的，这个磨炼的过程就长达几十年之久。在这几十年中，李艳珍的演技愈发纯熟，舞台上的搭档也是更换了几代人。十几岁时，她曾与出生于 1904 年、比她年长 38 岁的“活张飞”张春雷在现代戏《十二连洼》中饰演过夫妻；也曾与出生于 1920 年、比她年长 22 岁的小生演员李永秀在《抱妆盒》合作，分别饰演寇珠和陈琳，

《抱妆盒》剧照。左一为李艳珍饰演的寇珠、中坐者为宁宇饰演的刘妃、
右一为李永秀饰演的陈琳（1962 年）

同时二人还在多出传统戏中作为生、旦搭档进行表演。她合作比较多的演员，有比她年长 10 岁的黄遵宪，戏曲电影《孙安动本》留下了他们青年时代饰演孙妻和孙安的身影；有与黄遵宪同龄的小生兼红脸演员赵洪山，是继李永秀之后与她搭档生、旦戏的主要合作者。同代演员中，比李艳珍年轻几岁的汤秋金是《卧龙求凤》中的诸葛亮、《琵琶遗恨》中的蔡伯喈和《三凤求凰》中的徐寅；再年轻些的，还有 50 后王兴仓、李长祥，他们是继黄遵宪之后的孙安……到 60 后杨春伟主演《孙安动本》时，年龄上已比第一代孙安黄遵宪足足年轻了 30 岁，此时，李艳珍饰演的孙妻才在陪伴了几代孙安后，从这个角色上退了下来。

回首走来的一路，李艳珍不由得感慨："我真是陪了几代人演出，直到退了休还陪着年轻的演。就是因为那时候女演员少，没有人接，没办法。现在可好了，有好多人都能演。像孙妻，我的学生陈媛能演，她现在也退了，我另一个学生陈凤英也能演。总算是有人接班了。"

舞台上的李艳珍演绎着各种角色，她们或端庄、或大方；或活泼、或可爱；或勇敢、或刚烈，有着种种丰富和多面的个性，生活中的李艳珍却只习惯于安静和平静。从进入剧团的那一天起，李艳珍就长在了集体中，“叫我上哪儿我就上哪儿，自己没有单独行动过”。至于到处游玩，于她则毫无吸引力。早在李艳珍 17 岁随剧团进京演出《孙安动本》期间，大家都在排练演出之余兴高采烈地抽空逛京城，只有她“就在房间里睡觉”。个中原因除了“那时候身体不大好，老长病。有个同事老得陪着我”，主要还是因为“我不好玩，从年轻就不好玩。”即便在退休以后，儿子想给她报个旅游团让她出去走走，得到的回答依然是“我不愿意玩，不愿意去”。

青年时代的李艳珍

中年李艳珍

生活中的李艳珍还习惯于简简单单。她的家里家具简朴，没有多余的摆设，更没有什么新式的设备。她说这是因为自己：“料理家务是一点不行，尤其是以前老伴在的时候我干得太少了。现在女儿让去她那儿住，我也不愿意去。就这个样，自己能吃能睡就行。”而说到几年前因病去世的老伴郭远明，李艳珍不禁感叹：“老伴对我真是没说的。平常过日子我什么也不懂、也不会，都是他照顾我。从他走了以后，我觉得塌天了，自己可怎么过下去啊，慢慢这都好几年了，我才顺过来。”

李艳珍的老伴郭远明是她从郓城县工农剧社到山东省柳子剧团的同事，比她进剧团的时间还要早。老郭是巨野县人，由于很早就会唱点柳子戏，又跟着师父学了些，当年就被剧团邀请入了伙。起初，郭远明在团里演小生兼武生，后来因为嗓子不太好，进修后当了团里的导演。再后来虽然调出了柳子剧团，到省工会学院工作，但团里如果有需要，还是会请回他协助排排戏。郭远明家里穷、出身好，当年曾担任过团里的团支部书记，他对有着“资本家小姐”的糟糕出身却演戏很好的李艳珍一直默默照顾，两人可谓因戏结缘。

与总是忙着在台上演戏的李艳珍相比，郭远明虽演戏不多，但会戏颇多。他不但知道很多老戏，对柳子戏传统剧目非常在行，而且接受新事物也快。当初柳子剧团曾有一位京剧行的武功老师，老郭主动跟他学了不少东西，还将这些很好地融进了柳子戏表演。

郭远明是团里有名的“戏补丁”——哪出戏在排练过程中出现了问题，在他那里一定能找到解决办法；哪一个角色演员临时上不了场，他也一定能打好这个补丁。老郭懂得的东西杂而全，不管什么样的戏，也不管什么行当，基本都在脑子里储存着，处理起问题来办法就特别多。

李艳珍记得当年演样板戏的时候，有一天临上戏前，饰演剧中大队长的汤秋金嗓子突然出了状况，无法上台。团里一时找不到会这出戏的其他人，出于对老郭的信任，便决定让他顶替上场。在一场戏中，大队长的唱段中有一句唱词“几百亩高产田”的“田”字得翻高唱上去，老郭由于自身嗓音条件的限制，这个高音是唱不上去的，不少同事为此替他捏着一把汗。谁想唱到此处，老郭先是照常唱出“几百亩”几个字，而后顺着伴奏，巧妙地将“高产田”改用白口有韵有调地念出，令观众丝毫不觉突兀和生硬。之后，好多人都议论，这救场的人是怎么想出来这样一个高招的。问老郭，他就简单一句："自己想办法啊，逼到时候谁都行！"

多年以来，在生活上简单到不乏马虎的李艳珍，一直被丈夫郭远明照顾着。除了饮食起居外，她自己并不太在乎的剧照和其他演出资料，都由丈夫为她整理和保管，因此，丈夫的离开对于李艳珍来说真的是"塌天了"。不仅如此，剧团的同事们和一些柳子戏研究者也对郭远明的离去充满遗憾："老郭走了，有些东西去找谁问啊？"

对很多人来说，李艳珍生活上的粗拉甚至"弱智"，不但表现在以前家里事事都需要丈夫的照料，还表现她处世为人的一些方面。李艳珍记得，如今已经去世的一位剧团老师说过她："艳珍啊，你除了演戏还会啥？"她想了一下，还就真没想出自己到底会啥。再进一步想想，自己常年过的都是集体生活，确实没有独立干过什么。何况连年不断地演出，使自己早早落下个胃不好的毛病，非但啥也不会，还一直比较挑食，也难怪别人会说自己娇气，说自己小事多。如今，虽然不得不慢慢学会自己料理家务，但六十多岁才开始做饭，无论如何都算不上是一件值得炫耀的事情。而在家外，尤其是舞台以外的场合，李艳珍也绝对算不上"机灵"。她走路不记路、见人不认人，回答一些细节性问题时，"不知道"是常态化的答案。生活中如此这般的迷迷糊糊与糊里糊涂，有时会被亲近的人引为笑谈。她的表姐就曾经半开玩笑地说她："李艳珍你真能，你怎么能在济南混个四五十年来，到哪里去吧都不知道怎么去，你不丢人吗？"

与人交际似乎同样是李艳珍的弱项。李艳珍很少和人主动交流，越是人多的场合她越不爱讲话，尤其在领导面前，别人都是往前凑，她则总是往后缩。对很多的事情，名利、待遇，甚至包括工作，她都不争不抢。对安排给自己的任务，李艳珍会尽心尽力地完成，但若想让她积极主动地提出点要求，多半会想不起来或不知应当如何开口。为此，李艳珍的一位老大哥说她："要在现在你得饿死。人家竞争这么激烈，你非得让人家来求你，就不知道去主动找人。"

的确，假如李艳珍进入剧团之初，不是在柳子戏正在培养第一代女演员的时候；假如在她长达几十年的舞台生涯中，大半时间都不是处于女演员比较缺少的状况下；又假如她生在如今这个捧明星、拼炒作的时代，即便先天条件如李艳珍这般优秀，也未必能取得今天的成就。关于这一点，李艳珍有着"自知之明"，她说："现在我还真不大适应了，跟不上了。"她的"跟不上"，是只有戏里功夫而"跟不上"戏外功夫，是只会台上精耕细作而"跟不上"台下精心经营，说起来，这何尝又不是演员身上的一种高洁品质呢。

# 四、续韵延香

几十年舞台的磨炼，让李艳珍深知戏曲演员的酸甜苦辣。演出期间，她曾经睡过地铺草窝，也曾经穿着厚底靴陷入过沙土窝；她曾经带病上场，也曾经从简陋的土台上摔落；至于台下艰苦的练功和饮食坐卧的不规律，更是她作为一名演员的生活常态。几十年舞台的磨炼，还让她与柳子戏无法分开。从一个并不太喜欢柳子戏的小姑娘，到懵懵懂懂地上台现编词演唱，再从柳子戏第一代女演员中的一员，成为戏路极宽的柳子戏旦角名家，李艳珍一步一步在观众的厚爱中成长，在各级领导和专家的肯定中进步，而最重要的，是养成了她对柳子戏的一份责任感。

## 培养传人，是一份责任

人到中年，陪伴了几代舞台搭档，演出过无数剧目后，李艳珍越发感觉到柳子戏急需培养新一代演员的重要。20 世纪 80 年代，伴随着“文革”结束后传统戏曲的复苏，号称东柳的柳子戏开始逐渐“返青”。山东、江苏、河南几省出现了不少业余剧团，山东的菏泽、江苏的丰县和徐州，以及河南的滑县和清丰等地也先后成立了柳子戏专业剧团。与此同时，山东省戏曲学校、江苏省戏校和菏泽戏校还分别开设过柳子科，一时之间柳子戏大有重振雄风之势。而作为山东省柳子剧团的一名旦角主演，李艳珍自然进入到新的忙碌期。几年之间，剧团除恢复上演了之前广受观众喜爱的《玩会跳船》《孙安动本》等经典剧目外，还先后排演了《琵琶遗恨》《三凤求凰》《卧龙求风》《徐龙铡子》《十五贯》等新编或移植历史剧。这其中大部分剧目的女一号，如《琵琶遗恨》中的赵五娘、《三凤求凰》中的蔡兰英、《卧龙求风》中的黄月英、《徐龙铡子》中的孙妻和《十五贯》中的苏成娟等，都是由李艳珍担纲。1982 年，李艳珍因饰演《琵琶遗恨》中的赵五娘在山东省戏剧演出月获奖；1989 年，她因在《徐龙铡子》中饰演孙妻获得第二届山东省艺术节的演员二等奖。在此期间，李艳珍还应邀到山东省戏曲学校执教。

创建于 1960 年的山东省戏曲学校，早期曾设京剧、吕剧、山东梆子和柳子四个专业学科，后撤销柳子科。“文革”期间，山东省戏曲学校一度与省艺术学校、省电影学校合并为山东省五七艺术学校，1980 年经山东省人民政府批准，恢复省戏曲学校建制，先后设京剧、舞蹈、舞台美术和吕剧专业。1987 年，为解决山东省柳子剧团人才培养的缺口问题，山东省戏校特招收了一期柳子科学员进行定向培养。李艳珍正是作为第一批柳子科教员，开始了为柳子戏培养后备力量的工作。大约一年之后，因为剧团的演出实在离不开这位台柱子，便让李艳珍回团专心演戏。但自此，尽快培养柳子戏传人，将柳子戏的传统传承下去，就成为李艳珍心中最重要的一件事情。

李艳珍在培养柳子戏传人方面投入了极大的精力与热情。早在

李艳珍与戏校柳子科87级学生

1980年，她为本团青年演员辅导的折子戏《断桥》就在山东省青年汇演中获得了奖项，她本人也因此获得了辅导奖。在一些演出中，她更是为扶植年轻人，自己甘愿在剧中跑龙套。有一段时间，李艳珍还因为苦于柳子戏“缺演员缺狠了”，喜欢“找苗子”。如今在山东省柳子剧团负责非物质文化遗产保护传承等业务工作的刘元贞因为非常熟悉并且热爱柳子戏，当初就曾被李艳珍相中，要收她为徒。这期间，正是李艳珍应中国艺术研究院之邀，赴北京录制名人名段的时候，或许是她在重温自己演出于青年时代的代表作之后，感叹于时光的流逝，而进一步增加了培养青年演员的迫切感。

作为老师，李艳珍对学员的教学和辅导可谓一丝不苟，每一个动作她都会反复示范，每一句唱腔她都会逐字指导，如此严谨认真的态度和细致辛勤的劳动，使她的教学取得了累累成果。从事柳子戏辅导工作以来，李艳珍曾在山东省内的各种戏曲比赛中多次获得过奖励。除1986年和1988年在山东省地方戏曲邀请赛中获得特别贡献奖外，她还于1990年因辅导青年演员参加山东省青年演员大赛获得辅导二等奖，于1994年获得山东省青年汇演辅导教师二等奖。

1997年，55岁的李艳珍算是退了休，但却并没有真正从工作岗位上退下来。剧团返聘她和退休多年的黄遵宪担任艺术指导，继续帮助团里排戏和对青年演员进行辅导。这以后，李艳珍先后为柳子戏经典保留剧目《孙安动本》教出了几批"孙妻"，并且将当年由自己一炮打红的另一出柳子戏经典保留剧目《玩会跳船》手把手地教给了团里的青年演员，此外，还复排导演了几出观众喜爱的剧目。1999年，山东省戏曲学校再次招收了一批柳子科学员，这一次，李艳珍不但依然是辅导老师，还参加了最初的招考。看着自己亲自招来的孩子们经过精心调教后，一个个从懵懂青涩到齐齐整整地登台亮相，李艳珍感到无比的欣慰，同时，她也越发感觉到自己肩负着的传承柳子戏传统的责任更重了。

## 因材施教，倾心授徒

从20世纪90年代起，李艳珍在本团先后正式收了几个徒弟，主要有陈媛、宋东青、陈凤英和王蕊等。其中陈媛是李艳珍被选为首批国家级非物质遗产项目柳子戏代表性传承人之前就收下的徒弟，如今也已退休。陈媛主攻闺门旦行当，师父李艳珍比较常演的角色，如《玩会跳船》中的白月娟、《孙安动本》中的孙夫人、《金箭梅》中的公主赵梦云等，她都有所继承。2005年，陈媛因主演新编历史剧《风雨帝王家》获得了中国戏剧梅花表演奖；2007年获得第八届中国艺术节文华奖表演奖；

陈媛拜师。从左至右：陈媛、黄遵宪、李艳珍

2009年，她又被评为柳子戏省级代表性传承人，而这一切荣誉的取得，除了她自身的努力外，当然也包含着李艳珍的辛勤付出。

李艳珍的另一个徒弟宋东青跟她"路子基本一样，是闺门旦"。因此在给宋东青授艺时，李艳珍同样是以自己的拿手戏为主，"比如《琵琶遗恨》《三凤求凰》这类的"。但另一方面，李艳珍又认为："宋东青我想给她改变一下。她原来老是闺门旦，出不去这个格。我觉得作为一个演员，不能光演一个行当，死在这个行当里，一出行当就不行，所以就给她也排了《春草闯堂》。她演出了，还录像了。这样做就是想让她的路子再丰富一点，不能光会演一个类型的人物、演一个类型的戏，那样是不行的，不能叫好演员。"生活中很少操心的李艳珍对于几个徒弟的教学其实都是如此这般煞费苦心。这不但与她有着因材施教的慧眼有关，还与她自己对待戏曲艺术的态度不无关系。李艳珍经常演出的剧目中有一出折子戏《断桥》，她曾将这出以《白蛇传》民间故事中表现白蛇和许仙断桥相会桥段的剧目倾心传授给徒弟。在1995年举办的第五届山东文化艺术节上，宋东青演出了师父李艳珍亲传的这一出剧目，使观众充分感受到柳子戏《断桥》独有的韵味。

说起这一个《断桥》，几乎可以看作是李艳珍和几位演员共同创作的剧目。与她早期演出的许多剧目相似，《断桥》也是从其他剧种学来的。之所以没有从京剧那样的大剧种移植，而是移植了婺剧的《断桥》，是因为“它跟其他剧种的不一样。挺特别的，舞蹈特别多，也挺火爆，是一出挺好的小戏”。回忆当初学习婺剧《断桥》的过程，李艳珍记得是柳子戏、吕剧和山东梆子三个剧种一起去学的。其中柳子戏演员李艳珍学演的是小青，另外两个剧种的演员分别学演白素贞和许仙。在学会了婺剧的表演路子后，李艳珍回团配上柳子戏的唱腔，团里再给她分配了饰演白素贞和许仙的演员，就这样，一出具有柳子戏剧种风格的《断桥》诞生了。剧中融入了丰富的表演和曲牌演唱，既有效继承了柳子戏

李艳珍为青年演员排戏。从左至右：李艳珍、宋东青、周伟

传统，又体现出创新精神，而李艳珍则通过这一剧目的传承，对善于学习和善于化为己用的精神进行了传承。

2011 年初，李艳珍又收了一位徒弟陈凤英。“她以青衣为主，像《孙安动本》里的孙夫人她可以学，那是她的行当，我就传给了她。另外还给她还排了一出《金箭梅》。《金箭梅》按行当说不大适合她，里面的公主属于闺门旦。因为陈凤英喜欢这个角色，我也是觉得不用太局限，就教给她了”。《金箭梅》改编自柳子戏传统剧目《小拉墓》(又名《蝴蝶梦》)，讲述的是一个发生在北宋年间的故事：宋王的独生女儿公主赵梦云与赴京赶考的书生辛文秀邂逅并相爱，公主以射鹿的金箭为凭证，与辛文秀暗订婚约。宋王欲将公主另嫁他家，公主不从故被赐死。自缢后的公主被母后暗中救下，并在黑松林造下假陵墓掩人耳目。一段时间后，辛文秀偶入黑松林与公主赵梦云相见。最后在王后的帮助下，宋王被迫准予公主与辛文秀成婚。这是一出具有传奇色彩的剧目，剧中公主赵梦云这一角色正如李艳珍所说，以闺门旦应工。然而在戏路极宽，表演上从不拘泥于行当的李艳珍看来，每一位有条件的演员都应该在演好本行当角色之余多学习点东西，这样才能更好地激发出身上的潜力和艺术创造力，也才能更快地获得进步。正是基于这样的想法，李艳珍将这出自己曾经的作品教给了徒弟陈凤英。

李艳珍还有一位徒弟，是团里的花旦演员王蕊。对于这位徒弟的客观条件，她同样看得清清楚楚。“王蕊是纯花旦，我是闺门旦、青衣和花旦戏都演过。我的花旦戏主要有《春草闯堂》《费姐》这些——《费姐》还有点偏彩旦，但还是想教她一出能突出花旦行当的有特点的戏，所以就根据她的条件选了我原来演过的一出《葵花潭》。”《葵花潭》是一出柳子戏传统剧目，同时也是一出“猴戏”。当年在郓城县工农剧社时，李艳珍和黄遵宪曾搭档演出过这出戏。戏里的孙悟空由黄遵宪扮演，“孙猴”变幻出的女子则由李艳珍扮演。由于戏中出现了一段旦角外表实则孙猴的形象，所以由花旦演员出演的这一角色必须既能演出人样又能模仿猴样。这出典型的花旦戏因其活泼生动的表演和别具特色的声腔演唱在演出时颇受观众喜爱，王蕊也正是凭借着师父亲授的《葵花潭》，在参加红梅杯戏曲比赛时夺得了山东赛区一等奖。谈到这出戏的表演，李艳珍说：“这个戏是我原来的男旦老师演的，戏的演唱很有特点，但是当年演的时候表演上的东西很少。我教给王蕊的时候，又琢磨着在身段上加了些东西，好多是在县里演出时都没有的。还有我那时演的时候没踩跷，她现在踩了跷，这些都是新东西。”《葵花潭》之后，王蕊向李艳珍提出想再学一折戏，最好是师父曾经演过的——比如《卧龙求凤》。李艳珍认为，《卧龙求凤》中的黄月英虽然本应为闺门旦应工，王蕊“她来不了闺门旦，也没演过”，但“黄月英这个人物是有点多面，有闺门旦的部分，也有花旦的部分。像第一场她去试探诸葛亮问他为什么不出山，用的是花旦的表演方法。第三场她赠给诸葛亮羽毛扇时，有点谈情说爱的意思了，就属于闺门旦的表演了，这之后属于闺门旦的东西就越来越多。总的说前面比较活泼、开朗和豁达，应该归花旦行当。到后面跳跃比较大，劝诸葛亮出山就是文戏了，后面两个人相爱的部分，人物内心的戏较多，外表的较少，就应该属于闺门旦表演的路子了。”经过对角色的人物性格进行充分分析后，李艳珍虽然感觉戏的后半部属于闺门旦的戏份，由“外向”的花旦演员演好有着一定难度，但如果对剧本做一些调整，将人物性格重新加工一下，使其整体向花旦的性格偏重，再由花旦演员来更多地诠释黄月英性格中的活泼和聪慧也未尝不可的。此外，李艳珍还觉得，通过让王蕊学习这出《卧龙求凤》，或许还能够挖掘出她在塑造人物多面性方面的潜力。

李艳珍在传授技艺方面，总是这样为对方着想，也总会沿着遵循徒

李艳珍和徒弟们合影。前坐者为李艳珍，
后排从左至右：王蕊、陈媛、宋东青、陈凤英

弟自身条件但不被其所限的道路来因材施教。同时，她对于教学的严谨认真和她平日待人处事的随和自然，又为她赢得了更多的尊重。无论在她成为传承人之前还是之后，每当青年演员需要业务上的帮助，她总会认真帮助解决，而对于自己的徒弟来说，她更是一位倾心育才的称职的好师父。

## 心目中的传承与传承行动

身为剧种传承人，李艳珍深知古老的柳子戏有着丰富的宝藏。她“很遗憾自己因为那时候太忙了，接受的东西太少”，并且清醒地意识到“如果现在这一批还不如我，他们下一批再不如他们，那柳子戏就真叫失传了。”所以当徒弟王蕊提出要给她录点老曲子时，李艳珍非常赞同这个想法。她说：“老曲子必须得懂，得知道。如果有一天人家问你，你师父都教给过什么曲？或者现场问你这是什么曲牌啊？你叫不上来，那有多丢人啊。都年龄不小了，可不能对老的东西还是不清不楚。”

李艳珍所说的“老曲子”，其实是柳子戏原生态的一些曲牌，也就是那些当年她从男旦前辈那里听过、学过的、未经加工和修改的柳子戏传统曲牌。在她心中，这些是最能表现柳子戏特点的东西，是柳子戏的根。她曾多次告诫徒弟们：“我是把学到过的比较有柳子特点的东西都继承下来了，有的给你们排戏的时候能用也都用上，这些东西是柳子戏的传统，到你们这里不能失传。你们学会以后，演戏有适合用的地方可以加上，如果不适合用或者加不上你们也得会，得把这些东西当基础一样记扎实了，这是个根。没这个根你没法去革新和创新，只有根在，才能发新叶，有根往哪发都可以。可如果这个根没有了，柳子就成了漫空中的东西，那就没法去发展去突破。”而同样出于要保护好柳子戏之根的考虑，李艳珍在花旦演员王蕊拜她为师时，首先想到了要将当年自己演过的《葵花潭》传授于她。

“《葵花潭》又名《五更转》。鲤鱼精变幻美女诱骗书生，被孙悟空收服。有抄本，共六场。唱【乱弹】【猪拱豆】（或作诸宫调，七言体）、【娃娃】【香柳娘】【五更】【青阳】【桂枝香】【高腔】【驻云飞】【赞子】【梆子腔】。”[①] 李艳珍说：“《葵花潭》里的曲子是这个戏专有的，是适合人物来的。我没听过其他的戏或者其他的人物唱过这个曲子。如果这一个戏不演了，可能这个曲子就没人知道了。这样我觉得不行。”正因为有着这样的想法，所以当有人提出《葵花潭》的词曲太旧，王蕊拿着这个

---

① 纪根垠：《柳子戏简史》，中国戏剧出版社1988年版，第146页。

王蕊演出《葵花潭》

戏去参加比赛性质的演出不太合适时，李艳珍才会反驳道："我这是教徒弟学传统，是在干传承人应该干的事。你管它旧不旧干什么，我本来就没想着叫她拿这个戏去获奖！"但她也承认，为了让这出有特色的老戏能为现代观众所接受，她的传承"这里边有改革"。比如由孙悟空变幻的花旦有一些"猴子"的粗声和花旦细声之间的嗓音和动作转变，被李艳珍加工得更合理、更富有舞台效果。还有对剧中"以前的扁词"，即唱段中一些咬不太准或者挺不起来的字词，她也进行了一些词曲上的调整。老师用心，徒弟自然学得卖力，李艳珍说教授《葵花潭》时，徒弟"比较认真也比较努力，都说她学这个戏减肥了，一身汗一身汗的出。其实我给她排也挺吃力的，可就是因为想着里面的唱腔如果这个角色不唱，就没有人唱了，所以才要抓住这些东西，不让它丢掉。"

李艳珍心目中的传承，是"得继承传统。不继承就不知道剧种是哪棵树上结的果"。几年前，山东省文化厅召集省内各剧种的几位老艺术家开了个座谈会，会中谈到地方戏保护发展的问题。李艳珍在发言时举了个例子。她提道："1979 年的时候，我是青年联合会的会员，随青联到青岛夏令营，在那里遇到了作曲家施光南。他请我唱一段柳子听听，我就唱了个曲牌。施光南听完说，柳子戏的曲调真是太美了！然后他问我们：'我在《红云岗》创腔的时候，吸收了一些柳子的元素，不知道你们听出来没有。’当场有一位同志回答说：‘没听出来，我们听着还是京剧。’我觉得，如果能像施光南当年那样，吸收了柳子的东西用到京剧上，还能让人觉得是京剧而不是柳子，那么改革的路子就对了。如果吸收了柳子就让人觉得京剧听起来有柳子味，那就乱套了，更谈不上继承。”这件事情之所以让李艳珍记忆深刻，是因为对她颇有启发。在她看来，柳子戏同其他戏曲剧种一样，既要继承传统又需要创新，只有二者兼顾，才能在保留柳子戏特色的基础上让它流传下去。在最有特色的音乐演唱上如此，表演上也是这样。不能看着别人的东西好就生搬硬套，得找到适合自己的“点”，根据自己的条件，“吸收别人的东西化在自家身上变成我的东西，和我的风格相符，这才叫吸收。”如果只是生搬硬套，很可能学不到家，搞不好还会成了邯郸学步，把自己原来的东西也丢了。因此，基本的和传统的东西应该永远都不丢掉。

李艳珍愿意尽心尽力将自己所知关于柳子戏的一切，毫无保留地予以传承。无论是徒弟、学员还是同事，她觉得愿意学习剧种的任何东西都是好事，“传承还是得有人愿意学。人家有要求才能传，没要求你传承啥？所以说没人愿意学才真可怕。”在她的心中，传承又是对整个剧种的传承，绝非单纯针对某出戏的传承。她的徒弟陈媛已经开始收徒，李艳珍因此有了徒孙。有时徒孙会带着问题来看望这位“师奶奶”，有时则会和她通过电话聊上一阵。每当徒孙说：“我以后再来吧，再来麻烦您”时，李艳珍都会回答：“这不叫麻烦，想学东西不是麻烦。”

生活中经常嫌各种琐事麻烦的李艳珍在传承技艺时，显然从没有过任何嫌麻烦的念头。有一段时间，团里的青年演员尹春媛想学学《琵琶遗恨》，她的师父陈媛让自己的师妹宋东青先帮助辅导一下，尤其在一些需要衔接的部分适当做一点改动。宋东青一时心里没底，就请自己的老师李艳珍帮忙把关。而李艳珍并没有因为这只是徒孙遇到的一点小事嫌麻烦，她认认真真地修改了需要衔接的部分，又认认真真地告诉了宋东青，还特意去排练场观看了徒孙尹春媛的排练，一如每次辅导一样，尽心尽力。

除了继承传统，李艳珍认为传承中的吸收和融合也是一名演员必须具有的能力。她要求徒弟们："作为演员应该有主见，如果这个老师这样说你就这样做，那个老师那样说你就那样做，就全乱套了。你得有自己的看法、有自己的想法。学戏的时候觉得哪个地方不行，觉得剧情别扭或者是人物有点跑了，就应该提出来。"而她自己正是这样一路走来的。且不说她舞台生涯中很大成分的"自学成才"，也不说她在拜师尚小云期间的学艺而不仿风格。即便是当年面对以严厉著称的导演尚之四，虽然一开始"他说了我就不敢改"，但是"后来一想不行，自己演着不得劲还得提出来。"以至于到后来，"其他导演给我排戏时我都是有问题就提出来，大家一块研究。"

时至今日，已经当了师父甚至师奶奶的李艳珍，依然会和徒弟或徒孙经常一块研究、一块交流。这让晚辈们不但"心里都挺痛快"，还慢慢懂得了学习柳子戏不仅只有学演剧目一种途径，从平时的聊天中同样可以学到很多东西，同样可以从他人的谈吐中汲取到思想的营养。而通过这样的研究和交流，她们的内心逐渐更加丰富，对自我的认识也逐渐更加清晰。

## 心系氍毹，情牵东柳

《现代汉语词典》对氍毹的释义为："毛织的地毯，演戏时多用来铺在地上，因此用'氍毹'或'红氍毹'借指舞台。"而通过明末清初散文家张岱的《陶庵梦忆·刘晖吉女戏》一文中的"氍毹"，其代指舞台的意思更广为人知。《刘晖吉女戏》描写了刘晖吉家乐演出《唐明皇游月宫》时的场景，文中写道：“……其他如舞灯，十数人手携一灯，忽隐忽现，怪幻百出，匪夷所思，令唐明皇见之，亦必目睁口开，谓氍毹场中那得如许光怪耶！”[①] 这场逼真瑰丽得令人匪夷所思的戏曲演出，曾引发戏曲研究者们的无限遐想和研究热情，并由此将“氍毹”引入戏曲表演的阵营。如今我们都知道，由于明代江南官家富户盛行蓄养家乐和家班，家乐的演出又多在厅堂铺设的红地毯上进行，使原本产自西域的地毯——氍毹，在明代成了舞台的代名词。其后，虽然随着这种演出形式在清代的式微，戏曲舞台早已开拓出更加多样化的空间，但以氍毹指代舞台却成为定式。

对此，柳子戏演员李艳珍可能并未在意，然而她所从事的长达几十年的柳子戏事业，却正是起于氍毹。氍毹之上，她频频留下辛勤的汗水，间中不乏伤病和隐痛；氍毹之上，她收获到无数观众的认可与肯定，其中也有着不少荣誉。而同样是在氍毹之上，她成长为一代红伶，成长为一位柳子戏名家。李艳珍的氍毹，是乡间各式简陋的土台、是无数剧场不同规模的舞台；李艳珍的氍毹，承载着她生活中的苦辣艰辛，也承载着她对柳子戏的拳拳深情。虽然今天的李艳珍已鲜有登台，但她却将自己对柳子戏的热爱系于氍毹，传于后辈。

李艳珍曾说：“舞台技艺靠的是水到渠成，要多看、多练、多演，心到了，艺才能到。”其实这，也正是她的成功之道。虽然她还说过：“我在舞台上也够了。现在脑子也不管用了，不像当年记词快，学戏也快。经常说了上句忘了下句，想说个什么事，到一张口又忘了。很多时候只能干一件事，两件事出去就干一件回来，那一件忘了很常见。”但当她

① （明）张岱：《陶庵梦忆·西湖梦寻》，作家出版社 1996 年版，第 111 页。

聊起钟爱的柳子戏舞台时，却每每满怀深情。她记得当年柳子戏的优秀小戏《三回船》只留下剧照而没有留下音像，更抱憾堪称20世纪80年代柳子戏代表作的《琵琶遗恨》只有录音却没有录像留存，因而感叹于这些不但是柳子戏舞台资料的缺失，还是剧种的损失。如今，演员李艳珍对徒弟和学员的要求依然是以舞台为中心。她认为："要发展柳子戏，首先要培养好演员。"只有能在舞台上抓住观众，在博采众长、为我所用的道路上演出剧种风格、展现舞台风采，才能让更多观众因为柳子戏的舞台表现而熟悉柳子戏和喜爱柳子戏，也才算真正实现剧种的传承。

外表随和的李艳珍是个内心有坚持的人，她从"猛一听柳子的时候确实有点别扭"，到慢慢沉下心去品味柳子戏丰富的古典韵味，再到深深喜欢上它的味道，最终成了今天的柳子戏品质捍卫者。

有一阵子，李艳珍很不理解某些演员所说的"不改的曲子坚决不学"，她实在想不通"不改的不学？你依什么改，这个根又是从哪里发呀？"而她对于"改"的理解是："改是必须的，但是得想好怎么改。离了根乱发叉你就完了。就是说改还得看怎么个改法，改的没有原味了咱们也都不承认。"

她记得她的前辈，同时也是和她在郓城合作过不少生、旦戏的李永秀有一次曾经生气地和她说："艳珍，咱不保守，咱骂那个保守的。可是你脱离了这个老东西你上哪里改啊？总不能改得不像样，不要骨头了吧！"她也亲眼观看过外剧种的一出剧目，将柳子戏的一个曲牌直接"摘过去"用于一段唱腔，继而感慨道："哪个好听你就直接摘过来，都懒得变一变。那摘来摘去的不就成大杂烩了，不就没有自己的味道和特点了，那还能分出来是什么剧种啊。这个路子肯定不对，改革的方向不对。"反倒是几出柳子戏经典剧目的音乐改革方式——保持基本曲调不变，主要在曲子的头、尾部分，或者是衔接部分作出的变化——是她认可的。李艳珍印象比较深刻的，是《玩会跳船》中白月娟演唱的一曲【山坡羊】。“这个【山坡羊】必须得带‘耳朵’。到‘耳朵’的时候没有唱词了，白月娟这个人物也不需要唱了，但是曲子没有唱完，就把‘尾巴’给了小生萧文勤，让他接着唱这个‘耳朵’。这也属于摘了摘，但又是一个完整的曲牌唱下来的，只是丰富了一点，唱法给它改变了一点。”

对于自己认可的这种柳子戏音乐改革方式，李艳珍以它与梆子戏的音乐改革做了一番比较，她说：“像山东梆子和豫剧之类的梆子戏，过去很多演员自己都能作曲。为什么呢，就是因为它们是板腔体，该什么情绪唱什么腔，哪个地方该唱哪个调，演员都熟悉，就可以自己唱。从前我们郓城县的梆子剧团，一些演员就能编曲。比如这里唱【慢板】那里唱【二八板】什么的，就能说出来，并且唱出来还比较合适，跟乐队也比较好和。我们柳子戏呢不行，我们的曲牌是固定的，‘八句【娃娃】七句【莺】，二十四板【一江风】’，你离了这个词不行，非得按词的格式来，不跟梆子那样——多两个字也能唱，少两个字也可以弯一下腔给你弥补了——它比较灵活。柳子戏要创腔是得叫个作曲来衔接的，演员自己不好改。”

李艳珍说到的这点“不好改”，也是一些人认为柳子戏“落后”的地方之一。其他被认为“落后”的地方，当然还包括柳子戏唱腔的缓慢和其中不大好掌握的“转调”等剧种的风格特点。面对这些对柳子戏落后的指责，李艳珍犀利地指出：“你能说京剧‘四大名旦’对京剧没有改革吗？你又能说他们没有继承传统吗？我觉得改革必须是在剧种基础上的，根据演员自己的条件有依据地进行改革。‘四大名旦’是因为对唱法的改革创建了特色，形成了自己的流派，并不是把老唱腔完全改掉，他们唱的又有谁能说不是京剧呢。所以说要是认为老的都是落后的，就干脆去听流行歌曲去，还听戏干什么！”

对于曾经成功排演过《三回船》《江姐》《白毛女》等多出现代戏的古老剧种柳子戏，李艳珍对它的“有依据的改革”以及今后的发展充满信心。而无论在台前还是幕后，又无论有多少感慨或者遗憾，柳子戏始终在李艳珍的生活中占据了重要的位置。当然她最希望的，是将自己奉献了一生的柳子戏传承下去，并且让这一事业不断地发扬光大。

#【余篇】

## 他们：身边的柳子戏名家

# 一、同事与搭档

他是《孙安动本》中的孙安，她是《孙安动本》中的孙妻；他是《三回船》中的老汉张凤祥，她是《三回船》中的小姑娘王秀花；而她又是《花木兰》中的花木兰，他则是《花木兰》中的花父花弧……无论传统戏、现代戏或者新编历史剧，柳子戏的舞台上都留下了黄遵宪和李艳珍同台演出的身影。这对年龄相差 10 岁的搭档，从 1956 年李艳珍进入郓城县工农剧社不久，即开始同台共技。他们在舞台上扮演过夫妻、父女、爷孙，甚至还有敌对的双方——《琵琶遗恨》中，黄遵宪饰演的牛丞相是将李艳珍饰演的赵五娘推入悲剧人生的黑手；《葵花潭》中，黄遵宪饰演的孙悟空又可以随时变幻为李艳珍饰演的妖精……事业的交汇，让他们共同成为为柳子戏奉献终生的战友、同事与搭档。

## 几十年同台，几十年“孙安”共进退

在黄遵宪写于 2009 年 5 月的一份题名为《剧目回忆》手稿中，罗列了他“这段时间回忆了二百来出剧目的名称”，这些剧目都是1950年以后郓城县工农剧社和山东省柳子剧团演出过的。其中“县团演出”的剧目有102出，包括黄遵宪当年常演的《打登州》、《火焰山》(《三盗芭蕉扇》)、《白云洞》、《双封王》(《斩李钦》)等，李艳珍参演过的《红罗记》《玩会跳船》《鱼篮记》等，以及两人合作演出的《葵花潭》《十五贯》等剧目。而从1956年下半年开始的一段时间里，县剧团集中排演了《刘介梅》《五姑娘》《三县并审》等一批新戏。当时县剧团的“老人”中，黄遵宪是最年轻和较能唱的，所以和柳子戏第一代女演员李艳珍这样的“新人”合作演出的剧目就比较多。关于这段日子，黄遵宪说：“那时候演的现代戏可多了，几天就能出个戏。俺俩合作的可不少。像写刘介梅反对粮票、布票的《刘介梅》(又作《刘介梅忘本回头》)这个戏里，我演刘介梅，艳珍就演他媳妇……”李艳珍也说过：“《孙安动本》以后，特别是‘文化大革命’后期，我才有时间学点东西、用点东西。‘文化

《新媳妇》剧照。从左至右：李加鸾饰演婆婆、黄遵宪饰演公公、李艳珍饰演新媳妇

《三回船》剧照

大革命’之前我没有时间，一直是在舞台上，一个戏接着一个戏。特别是在县里有一阵和黄老师合作挺多演现代戏的时候，有时恨不得三天就出一个戏。”

黄遵宪这份手稿中的“省团剧目”部分，罗列了山东省柳子剧团于1959年到2000年间演出的92出剧目名录。“这近100个剧目，有19个是从原郓城县工农剧社带过来的（有的在整理时改了名字，有的还是原名），其余的都是省团的”。其中，有黄遵宪的代表作《孙安动本》以及他参加演出的《王昭君》《百花亭》《江姐》等，李艳珍主演的《春草闯堂》《卧龙求凤》《费姐》等，自然还少不了二人同台演出的《琵琶遗恨》《十五贯》《花木兰》《三回船》《新媳妇》《杜鹃山》等诸多剧目。这些进省以后演出的剧目中，李艳珍记得：“我跟黄老师演的最主要的就是一个《孙安动本》，一个《三回船》，还有《抢伞》，后两个是现代戏。《孙安动本》里面演的是夫妻，《三回船》是老汉和小姑娘，《抢伞》里演的是祖孙。”

《孙安动本》的几位主演合影。前坐者为张春雷，
后立者从左至右：黄遵宪、李艳珍、崔明雨（1964 年）

作为《孙安动本》的两位主演，黄遵宪、李艳珍和整个剧组共同经历了这一剧目的成长、成熟与成功。拍摄电影之前，他俩和剧中饰演徐龙的张春雷、饰演张从的崔明雨一起拍了张便装照，当黄遵宪收藏的那张一时找不到时，他几乎脱口而出："艳珍那里肯定有！"而伴随着《孙安动本》随后遭受批判，黄遵宪和李艳珍又与这一剧目乃至柳子戏剧种，共同经历了一段最黑暗的日子。黄遵宪记得："有一段时间我什么也不说，跟艳珍俺俩接受采访的时候都是这样。想想那个时候，就是不让人演戏。"

20 世纪 80 年代，《孙安动本》恢复了名誉，黄遵宪和李艳珍在时隔二十余年后，再次携手将他们塑造的孙安与孙妻的经典人物形象展现于舞台。1985 年 1 月，在济南人民剧场举行的一场义演活动中，山东省柳子剧团演出了传统剧目《孙安动本》和《十五贯》，黄遵宪和李艳珍在《孙安动本》一剧中，再次联手，饰演孙安和孙妻。之后的1989年，山东省柳子剧团携现代戏《柳荫闲话》和整理改编传统剧目《徐龙铡子》两出大戏，参加了第二届山东艺术节的演出。其中《徐龙铡子》一剧是《孙安动本》的姊妹篇。讲述的是定国公徐龙被贬汉阳后，仍动本参奏太师张从之子鱼肉乡里、仗势行凶的恶行。而孙安趁给徐母庆寿之机，也欲与徐龙进行商议，共除贼子。不料，孙安于馆驿之中，却偶然得知徐龙之子徐猛抢夺古画，打死苏玉姗之父一事。经查明真相后，孙安对徐龙晓之以理、喻之以法，终使徐龙忍痛秉公执法，大义灭亲。这一剧目中的孙安和孙妻，仍由黄遵宪和李艳珍担纲，而两位艺术家再次凭借着他们塑造的孙安和孙妻的经典形象，在此次演出中共同荣获演员二等奖。

依旧活跃于舞台同时，黄遵宪和李艳珍还分别于人到中年以后，将更多的精力转入到柳子戏教学中。1996年10月，山东省戏剧家协会等单位联合在济南北洋大戏院举办了山东省地方戏曲邀请赛，有7个地市的13家剧团演出了30余出剧目。邀请赛结束后，黄遵宪和李艳珍因各自对柳子戏事业的突出贡献，同时荣获了特别贡献奖。而2006年柳子戏入选第一批国家级非物质文化遗产名录后，黄遵宪和李艳珍又同时成为第一批柳子戏国家级传承人，自此，他们更是将全部身心投入到对柳子戏事业的传承中。

## 黄遵宪眼中的李艳珍

李艳珍进入郓城县工农剧社时，黄遵宪不但作为剧社的发起人之一早已稳居“老人”的位置，并且还主演过剧社参加山东省第一届戏曲观摩演出大会的剧目《三盗芭蕉扇》。由于当时工农剧社缺少单独的授课老师，基本是以老艺人带新学员的形式完成柳子戏新一代演员的训练和教学，所以武生演员出身的黄遵宪也曾教授过李艳珍他们这批新学员武功课。这样说起来，黄遵宪和李艳珍又有了一层师生之谊，而直到今天，李艳珍一直是以“黄老师”来称呼黄遵宪。

提起黄遵宪和李艳珍最直接和最长久的一次合作，依然离不开《孙安动本》。从挖掘出由张春雷饰演孙安、男旦艺人饰演孙妻的传统本《徐龙打朝》，到后来成功改编为《孙安动本》，无论对黄遵宪还是李艳珍来说，都是首次接触这一剧目，更是首次分别将各自崭新的孙安和孙妻形象，展现于柳子戏舞台。黄遵宪说那时的李艳珍：“你看她演孙夫人的时候才是个小姑娘。连行动带声调，还有整个气魄，不得差老大一块吗。我是看着她被‘凶’出来的。特别是带着孩子那段，她自己还是

电影《孙安动本》中的“一家三口”

个小姑娘，又拉着个和她差不多大的小孩，人家还喊妈。真是不容易。”言谈中“凶”李艳珍的那个人，自然是《孙安动本》的导演尚之四。此外黄遵宪还提到，虽然当年只有十几岁的李艳珍和大多数同龄女孩儿一样，偶尔也会犯点小性儿，“但是她真挺‘皮拉’。比如排《玩会跳船》的时候，导演尚之四就对那么个十几岁的小姑娘，又‘凶’又批有时还骂，她都能忍受。有时候她因为害怕导演也背地里哭过，可还是照样好好演戏，没有闹过什么情绪。那时候，她害怕得一上台就不自觉地先往导演那瞟，后来尚之四为了让她改掉这个毛病，就先跟我们这些‘老人’打过招呼，然后瞅着一次她的眼光刚瞟过来，突然大喊一声：‘停！你看什么？我是你爹啊！’当时李艳珍刷的脸就红了，下了台委屈得直掉泪。我们因为事先知道怎么回事，就等于看了她的笑话。可大家心里确实觉得，这个小姑娘真是不容易。后来她还真是改了这个毛病。”

同台多年，黄遵宪评价与李艳珍的合作：“我们俩配戏不别扭。导演一说，我们一做一配合，导演就挺满意，我们之间也挺满意。”还说，“李艳珍很会演戏，也很会配合。我和别人可能有过不大顺的时候，但是和艳珍没有过，她真是个好演员。”

相对于自己的“有脾气”，黄遵宪眼中的李艳珍是性格比较随和的。“她是女同志，不能和我一样。”黄遵宪说，“我觉得李艳珍人不错。她当过政协委员，还是我给她介绍的。再早我是政协委员，后来知道党的政策不歧视台属，我就在政协提出建议，说我们团有个台湾家属，也就是李艳珍，这样她就当了政协委员。”

几十年的同事，同台过无数次；共同经历过风风雨雨，也互相认可对方的技艺与人品；没有红过脸，更没有闹过别扭；如今又与其他传承人一起，共同肩负着柳子戏剧种的传承重任……这，就是黄遵宪和李艳珍，两位既是同事又是搭档的柳子戏名家。

## “问问黄老师吧，他应该知道”

李艳珍和黄遵宪不但是舞台上的搭档，还是生活中的邻居。两人都住在山东省柳子剧团的宿舍，并且在同一栋楼、同一个楼洞，还是相邻的楼上楼下邻居。比起黄遵宪生活中的认真仔细，李艳珍“过得粗粗拉拉”。这无论与她端庄、美丽、娴静的大家闺秀外表，还是舞台上一招一式的精雕细琢、一腔一韵的有板有眼，似乎都有些不太匹配，但实际上，她生活中的粗线条几乎随处可见。

李艳珍对很多问题的回答都是“不大记得了”或者“不知道”，有时索性会说：“问问黄老师吧，他应该知道。”好在黄老师就住在她的楼下，她也会主动带着来人，帮忙敲开黄遵宪的家门，请他解答相关询问。在个人资料的保存上，黄遵宪自己或粘贴、或注明，归整得井井有条。李艳珍则把大部分资料都装在一个盒子里。并且正如之前提到的，过去全部由丈夫郭远明替她搜集、整理和保管。

剧团里负责非遗工作的刘元贞和我去找李艳珍时，她家的一个房间恰好因为楼上漏水遭了殃，不但淹了一个橱子，还把放在橱子最上一层的剧照和照片毁了不少。剩下的照片因为是胡乱放在一个盒子里，所以我们不但要把需要的一张张拣出来，还得一张张询问。期间我半开玩笑地说了句：“李老师，您这些照片也有点忒乱了吧。”李艳珍也不恼，只是有点过意不去地答道：“哈哈，是有点乱七八糟，我就一直没管过——年轻的时候枣庄要了去展橱窗，是哪张来的？还有这些收徒的照片都是他们给我弄得，我自己就往那一放就不管了——黄老师还整理得挺利索，你看我这，嘿嘿……”元贞一边帮着整理也一边嘟哝着：“对啊，您看黄老师多仔细，您也真够粗拉的。再有，这么个大美女尽是些合影。”至于那些和她有关的报刊报道，她经常是要在别人提醒后，才会买来一份放着。对此，李艳珍说：“我不大在乎这些东西，也想不起来留这些东西。年轻的时候都不在乎，老了就更不在乎了。”

李艳珍很少看有关自己的评论文章和演出录像，和很多“圈里人”都不熟。当我抱怨着：“我想扒拉您点东西都没有，黄老师那儿可有不少”时，李艳珍说：“真没有，就有些剪的小报纸，是我老伴留的。前几天找出来两篇叫刘元贞拿团里去了。”

听到我们表扬她随和，李艳珍反驳道：“还随和？我的脾气可不好了，我没办法。”其实她的脾气不好，只是限于柳子戏事业。比如她时不时会直言不讳地表明自己的观点，并因此显得不太会说话。她的“我没办法”，则是在很多情况下不得不忍住自己的直性子，而这当然是她家庭出身带来的阴影一直影响多年的结果。在面对生活上的一些事情时，她显然一点也不较真，基本是能凑合就凑合。比如这次楼上漏水导致的家里渗水，不但毁了她的不少个人资料和衣服物品，还弄得家里有了霉味，一些地方甚至长了毛。女儿实在看不下去了，就劝她去自己家住一阵。可李艳珍没过几天就回来了，不声不响地自己收拾好遭殃的屋子，就算了结了这桩事情。

李艳珍说自己：“现在我这脑子一点不管用了。站在冰箱前想不起来要拿什么，要么就拿着暖瓶呼呼跑到阳台上去了。王蕊那时候叫我弄几个老曲子，我得回忆啊！录下来吧。可原来留的那些小剧本又不知道传哪儿去了。只能想起一点让她给录一点，然后她再找乐队，得把谱子扒下来。好歹是留下点原汁原味的老东西吧。”但是除了马虎和健忘，她觉得现在的生活倒也自由自在。有时候，徒弟和徒孙会来家里坐坐和她聊聊天，或者提出点想学戏的要求，她都答应得挺爽快。而住在附近的儿子，也几乎每天都会回来陪陪她。

平时没事的时候，李艳珍“基本就是6点多起床，出门在附近逛一圈。有时就在家里活动活动胳膊腿，后背撞撞门、练练腰什么的。然后收拾中午的饭菜，看点小说。午饭后歇大约半个小时，再看会书，下楼倒垃圾，顺便走走。回来看会书，晚饭后看电视，十一二点睡觉。”就这样，安静而怡然地享受着自己的退休生活。

# 二、采访印象（代后记）

柳子戏名家黄遵宪、李艳珍与众多同龄人一样，正享受着退休后平静安闲的日子。所不同的，是作为第一批柳子戏国家级传承人的他们，依然保持着对柳子戏的一份深情，并且肩负着剧种传承的重任。此外，如今从事柳子戏生涯最长，也是年龄最长的剧种传承人黄遵宪，以及柳子戏第一代女演员中的佼佼者李艳珍，还会时不时地接受各路记者采访。而这，对于我的采访过程，既有着一定帮助又形成了一点阻碍。所谓帮助，是两位名家由于面对过多次采访，所以对大多数人都会问及的问题已经烂熟于心，甚至对我遗漏的部分，还会主动补充。尤其是黄遵宪所具有的搜集资料的好习惯，更是在材料上为我提供了很多帮助。所谓阻碍，其实是我不按常规出牌的采访方式造成的“后果”。但庆幸的是，我的方式很快被他们接受，并且通过这种方式，我确实得到了自己想要的——传记在于写人——的结果。

在此，也正是为了服务于这个结果，我决定把基于多次与黄遵宪以及李艳珍接触后得出的印象，以手记的方式在这部分文字中作为一个小节来记述。只是为了以一个亲历者的角度，展现这两位我们身边的柳子戏名家的普通与不普通。

## 和黄老师聊天

为本书的写作采访黄遵宪老师的过程，是一段有意思的经历。

在确认选题后不久，我和黄老师的单位山东省柳子剧团取得了联系，并请团里负责非遗工作的刘元贞带我去黄老师家进行首次拜访。从黄老师接待我的态度看，想必他对每一位前来访问的人都是非常谦和的，甚至在元贞领我进门作了简单介绍，之后就离开去忙她自己的工作，而让黄老师单独面对我这个采访者时，他还带着一丝拘谨和客气。当我明确提出“我是来听您讲故事的，您随便说”的请求后，黄老师似乎有点不高兴地问我：“你想问我什么？你总得有个主题吧。”随后便积极地给我建议，比如谁谁是怎么问的，主要是围绕着什么样的中心；谁谁又因为有着明确的目的，所以是按照某一线索来提问的。而当我再次重申，漫无目的的聊天即是我的目的，并顺利牵出他的话头后，我们一次就聊了一个多钟头。其实为了这一次聊天，黄老师是牺牲了他的午休时间的，因为不忍心让老爷子过于劳累，当时的我有意切断了话题。但令人高兴的是，经过这一次聊天，我顺利地从一个初次见面的采访者，变成了黄老师口中的“小孙”甚至“妮儿”。此后，或者我在工作之余去黄老师家聊上一阵儿，或者他来我办公室坐上一会儿，又或者我在整理资料或写作过程中遇到疑问需要确定，也会打个电话和黄老师求证一下。就这样经过几个月断断续续颇有些日常意味的往来，我对黄老师的了解便自然而然地加深。

几个月来，每一次把录音转化成文字的录入过程也相当愉快。小小的录音笔记录了黄老师绘声绘色的谈兴正浓，还有不时穿插的我们两人的笑声，总是令人回忆起无法用文字尽述的轻松愉快现场。同时，又不时让我想起在这同一支录音笔上，记录下的我与其他采访对象的聊天经历。曾经在《戏剧丛刊》担任“资深艺记”的我，多年前就宣称“只采访高手”。大多数时间是为提高当年刊物访谈专栏的“重量”，有时则单纯是以这种方式给自己的头脑“进补”。作为记录在我这支录音笔上的第一位戏曲表演艺术家，黄老师与之前记录下的专家、学者们相似又相异。相似的，是他们的独立思想和亲切为人，还有常常于言谈间留下的欢声笑语，而非刻板的一问一答；相异的，是黄老师对我这种漫无目的聊天式采访的“不放心”。这让我回忆起曾经的一次“有点目的”的欧阳中石先生专访。当时在我们聊过不多几个问题后，欧阳先生主动要求：“你的问题差不多了吧，咱随便聊聊吧。”随后便是一通闲聊，那篇访谈最终就成了《与欧阳中石先生漫谈——文化艺术、人生经历及其他》。也正是从那次以后，我对本来就比较喜欢的聊天式采访更有了底气。因为我亲身体会到，通过这样的交谈，对受访者的了解往往会更加深入，同时自己得到的头脑启发和人品滋养总会远远超出一次工作的所得。

或许是最初不太接受我的这种方式，在拜访黄老师的前两次，老爷子都在谈话间隙提出疑问：“咱这么闲聊八侃，你咋写哦”——但也仅有这两次，随后，材料搜集的过程就顺理成章地变成了聊天。多次面对面期间，黄老师给我的感觉是很喜欢笑，整个人看起来总是高兴的。谈到他和柳子戏一生情缘时他是快乐的；谈到他的童年和家庭，尤其是老伴与自己的感情时，他的脸上也分明洋溢着知足和幸福。当然有些时候，比如谈到《孙安动本》在“文革”时的境遇，以及谈到一段时期对剧种传承工作的不重视时，黄老师脸上的怒容也显而易见。就在这些鲜活的片段中，黄遵宪老师的乐观天性和敢于直言成为他性格中最饱满的一面。

面对面聊天之余，我和黄老师还通过好几次电话，并且多数会有额外的收获。比如我在一份材料上看到他原名叫作“遵孔”，继而打电话向他求证时，却意外收获了改名的小故事和一个“宪”字的字谜。再比如我在整理录音时，发现自己只知道《霄霆庙》这个剧名，却完全不知道它的内容，电话咨询不久，就欣喜地收到黄老师亲自送来的一本收录了这个故事的《欢喜冤家》。

在采访和写作期间，黄遵宪老师给我提供了不少文字材料，有关于他个人的，也有关于柳子戏剧种的。他自己手写的一些稿件，被我一一影印，并且在写作过程中引用了不少。至于成册的作品或著作，包括一本郓城县政协文史委员会编辑的《郓城文史资料》、一本郓城县委办公室编辑的《郓城名人名胜名产荟萃》、一本杨彩云撰写的《流年随笔》等来自家乡郓城的资料，都被黄老师仔细收藏着。而其他包括王玮琦撰写的《传承记忆——非物质文化遗产代表性传承人寻踪实录》、于学剑撰写的《表演艺术评论》等写人评艺之作，以及《张春雷与柳子戏》等能在史料上为我提供帮助的著作，黄老师也会主动向我推荐。

期间，黄老师细心地提醒过我：“有些事你得多看资料。”我告诉他，除之前的业务工作就接触过柳子戏之外，还早已看完《柳子戏简史》和《尚之四的导演艺术》，并且通过《尚之四的导演艺术》一书中收录的部分文章，对他和《孙安动本》有了不少了解。同时，我也坦白了自己的想法：“光有这些肯定不行，就等于不认识您。我得从您本人这搜集材料。”黄老师听后赞同道：“对，光材料写不生动。”我又强调：“您想我要是光看材料，没听您说画画什么的，肯定想不起来跟您要脸谱。‘孙安’的部分您先头也有不愿意说的，我就不可能强问，可是通过对话还是能听出您怎么想的。您自己是个有思想的人，所以我在面对您的时候就可以聊出一些材料上没有的东西。”黄老师马上回应说：“对，材料要看，但你必须得另起炉灶。不是有句话说‘戏在书外，花在画外’吗。我有点时间就来。咱互相启发。”

采访和写作期间，黄老师还要求：“我的东西我要看，宁可少一点也要真。”因此，在拉好“黄遵宪：东柳相伴，七十年未了情愿”一篇的纲目后，我就和他做了沟通。而每提出一个有关他的评价观点，也会征求一下他的同意。比如我说他是“老艺人资历，新演员思想”时，他就表示“小孙你这样说我，我很认可”。

如今，黄老师还会偶尔到我办公室坐上一坐，有时是带给我一本柳子戏方面的书让我看看，有时则只是进门来聊上一会儿——依然是离不开的柳子戏话题。如果我正忙于工作，他便说上两句就走，而且从不让我送下楼。年过八旬的黄老师，虽然因为每天早晚都会习武练功而保持着健朗的体格，但是作为晚辈的我总觉得于情于理，不能让他独自下楼，然而他的一句“你要是送我，我以后就不来了！”往往会成为打败我的“利器”。虽然每一次，我只能无奈地目送他一阶阶走下台阶，然后拐弯到我视野看不到的下一层。但我知道，黄老师这绝不是客气，只因为经过几次愉快的聊天，他已经把我这个晚辈当成了朋友。凭心说，这也是我的福气。

## 到李老师家串门

在去过黄遵宪老师家三次后，我第一次上门拜访李艳珍老师。这一次，依然是柳子剧团的刘元贞帮我做了引荐。

开始采访两位柳子戏名家之前，身边比较熟悉他们的人就曾告诉我："黄老师比较健谈，李老师话比较少。"此时，更得到元贞的明确提醒："李老师不大能说话，尤其说自己的时候不大能说也不大会说。你得启发她。"所幸这一天元贞不太忙，一起陪我在李老师家待了一阵。

同样地，我首先声明："您可能习惯了别人都带着问题来，我真没准备什么，就是想请您随便聊聊。"并且告诉她，我就是这样从黄老师那儿聊过来的，一会儿下楼，还要顺便去黄老师家归还一些他提供给我的资料。李老师听后，显然一时不知该如何作答，好在她非常熟悉的元贞及时安慰她："您就随便聊，她会引着您说的。"由此，第一次采访便以"三人行"的形式得以展开。期间，李老师请元贞帮看看她那盒胡乱放着的照片，我们就一边挑选照片一边聊出了不少小故事。等李老师终于"承认"："我就害怕别人给我出题目，一给我出题我的脑子就乱套了"的时候，算是已经基本认可了我这个聊天对象，同时，也为我之后的数次单独造访打开了"熟聊"的局面。

比起黄遵宪老师，李艳珍老师和我聊天的方式更为松散，与其说是采访，倒不如说我就是去她家串了几趟门。有几次聊到饭点儿，李老师留我在她家吃饭，要不是因为还有别的事情，我还真想留下尝尝这位60岁以后才开始做饭的阿姨拾掇的饭菜滋味如何。也有几次说着说着，李老师就会检讨自己："我这说得乱七八糟，也不知道你有用没有。"其实她不知道，即便只凭她的举止言行和这些"乱七八糟"的谈吐，也能给人留下待人接物适度有礼、仪态谦和、家教良好的印象。这一印象，果然一如之前曾听到过的议论："李艳珍真像个大家闺秀，人又长得那么漂亮。"

别看李老师总说自己粗拉、马虎，但很多时候，还是能看出她挺会为别人着想。一个冬日，我去李老师家进行春节前的最后一次采访。我说离过年没几天了，也不知道她回没回老家过年，就这样过来碰碰运气。李老师说："昨天郓城是来人了，要接我回去过年。正好元贞通知我有个新加坡的记者要来，我就留下了，不能让人家白跑一趟。我姐姐、我妹妹还有个弟弟都在老家，儿女都在这里。今年不回去也行。"之后她告诉我，上午来的那个新加坡小记者是个挺随和的小伙子，"想合个影没人帮照，我就带他去了黄老师家。黄老师也一个人在家。他就和黄老师合了个影，又和我合了个影。然后留在那儿采访黄老师。"李老师还说到小记者问了一些她家里的事情，正是我们之前没有聊透的。我便顺势借着这个话题继续聊了下去，并且有了不少收获。

期间，李老师的徒弟王蕊来看望师父，因为还有别的事情，稍做停留便匆匆离去。由此，李老师和我开始聊起她帮着王蕊排练的那出《葵花潭》，以及王蕊想给她录老曲子的事。恰好王蕊几年前参加红梅杯比赛时演出的那场《葵花潭》我是看过的，而且在看待柳子戏老曲子的问题上，我个人也认为哪怕一时用不上，还是绝对应该原汁原味地将这些柳子戏中最具特色的东西保留下来。因此，那一天聊得自然非常尽兴。

采访中李艳珍老师留给我印象比较深刻的，是她对传承柳子戏传统的信念。她曾谈道："柳子戏可能一开始让人不习惯，觉得它的腔挺别扭。你看我们剧团有几个人，调离的时候才对柳子有感情，临离开这个团时跟我说：'李艳珍我这才知道柳子戏真好听，可惜我没学两句'。他们说的，都是传统的东西。"我接着表示："我第一次听就觉得柳子挺好听啊，也没觉得它别扭。怎么说呢，特别有古典的味道，和现在新的是不大一样。这可能是我从小在家经常被动听戏，还是听老戏，就被动地形成模式了，总觉得柳子和昆曲就应该是古曲的样子。"李老师又说："你没听过老传统的，你是听的改的。""可能。我听的不多，就是《孙

李艳珍在 2014 柳子戏迎春晚会上表演

黄遵宪在 2014 柳子戏迎春晚会上表演

安动本》看完了电影，《玩会跳船》看了一段录像，王蕊演的那场《葵花潭》，还有剧团前一阵演的《张飞闯辕门》，一共就没几个。”听完我的回答，李老师高兴地说：“吔，你别说，这几个还是传统的多，没大改。”然后我告诉李老师：前些年山东省十艺节举办期间，省柳子剧团演出的是当时新排的《张飞闯辕门》。恰逢文化部在济南举办了一个全国文艺评论培训班，学员们来自全国各地，我是跟着学员们一起看的那场柳子戏。当时他们很多人都觉得柳子戏真好听，而这些人大多在三十来岁，怎么能说传统的没人喜欢呢？再有《张飞闯辕门》的表演也热闹，是吸引人的另一个因素。聊到此处，李老师说：“表演是后来尚导演给排的，原来也没有。这一个和《孙安动本》，和《玩会跳船》几个戏，都是你们单位[①]原来叫戏研室的时候给弄的。有导演尚之四、编剧范季高这些人，后边还有纪根垠、朱剑好几个人，反正那一批都是你们单位的。那时候他们帮着柳子剧团出了不少好戏，柳子戏不但在省里就是在

① 指山东省艺术研究院。

全国也比较有名。大家都知道柳子是个古老剧种，都很重视。”

这一番话，不禁让我联想起黄老师在讲述《孙安动本》时的动情。随即意识到，黄老师和李老师虽然年龄相差10岁，且出身迥异、性格各类，但他们对于柳子戏的感情却同样深厚，同样难以割舍。他们将对柳子戏的信念与坚守化为身体力行，他们更是在经历过柳子戏的辉煌后殷殷期盼它再度雄风重振。显然，这是一种发自肺腑的热爱，而正是这种热爱，才使他们令人肃然起敬，也才使他们成为当之无愧的柳子戏名家。